别让压力毁了你

方军 / 编著

告诉你缓压片刻，你的生命能再次回升，
踏在成功之路上的脚步将更加坚定。

中国华侨出版社

图书在版编目（CIP）数据

别让压力毁了你/方军编著.—北京：中国华侨出版社，2007.1
ISBN 978-7-80222-272-4

Ⅰ.别… Ⅱ.方… Ⅲ.压抑（心理学）—通俗读物 Ⅳ.B842.6-49

中国版本图书馆CIP数据核字（2007）第006876号

● 别让压力毁了你

| 编　　著/方　军 |
| 责任编辑/文　喆 |
| 责任校对/秦　真 |
| 经　　销/新华书店 |
| 开　　本/710×1000毫米　1/16　印张15　字数200千字 |
| 印　　数/5001-10000 |
| 印　　刷/北京一鑫印务有限责任公司 |
| 版　　次/2013年5月第2版　2018年3月第2次印刷 |
| 书　　号/ISBN 978-7-80222-272-4 |
| 定　　价/29.80元 |

中国华侨出版社　北京市朝阳区静安里26号通成达大厦3层　邮编100028
法律顾问：陈鹰律师事务所
编辑部：（010）64443056　　64443979
发行部：（010）64443051　　传真：64439708
网　址：www.oveaschin.com
e-mail：oveaschin@sina.com

前 言

"我们错误地理解了世界，却说世界欺骗了我们。"泰戈尔如是说。

人们为自己创造了无穷无尽的压力，却说压力使一切都变得痛苦，变得陌生，变得很难。这是多么的可悲。要知道，正是因为压力的存在，才推动着时间的车轮在进步的通路上不停地滚动着，前行着，你才能享受到今生今世的舒适与美好。

是的，压力无处不在。虽然它不以实体形式出现在世人面前，但却沉甸甸地驻扎在心灵城堡之中。它无时无刻不在以自己特有的方式粉墨登场，侵袭着你的身体、你的意志、你的灵魂。在压力面前任何人都只有两种选择：胜者王侯败者寇。

压力困扰着你的身体，夺走健康，夺走活力，不过是个小小的警告，让你对待宝贵的生命态度认真起来。

压力打乱了生活的安逸，偷走你的得意和失意，只不过是施展画笔让你的时光变得五彩斑斓。

压力席卷了工作和事业，成就了英雄，制造了小丑，只不过是为了筛选出让幸运之神钟爱的人。

压力改变着生存的环境，红了樱桃，绿了芭蕉，只不过是提醒人们珍视一切存在的美丽。

对待压力，你逃避，它就耻笑你；你争斗，它就崇拜你。对待压力，不仅需要一种从容的豁达，更需要懂得让它为生活添上神来一笔；

对待压力，智者乐于与之为伍，勇登华山之巅，愚者恐避不及，将自己紧紧裹在平庸的壳里，作茧自缚。

既然我们生活在了这个时代，不能选择，不能逃避，就要明白，种下一棵果树，就会收获满树的果实；种下一株花朵，就能拥有流溢的芬芳；种下一种积极的心态，就将得到幸福的生活。

压力不是魔鬼，不是噩运，而是你成功之路上同甘共苦的亲密伙伴。

每个人都渴望成功，梦想着开辟出自己的一片天地。如果没有动力"人"这台高精度的机器是不会运转起来的，更无所谓奋斗，无所谓拼搏，无所谓成功。而压力，正是控制能量源泉释放的钥匙！

然而，值得注意的是，压力也是出色的变脸演员，当加在一个人身上的负担过于沉重时，也足以让你刹那间土崩瓦解，灰飞烟灭。

所以，人生要过得精彩，就要不断找寻压力，学会释放压力，在二者之间找到制衡点，才能让生命之花在最会适的季节开得灿烂辉煌，才能以一位成功者的姿态骄傲地在时光日记里加入自己的名字。

别让压力毁了你，不仅是成功者的告诫，不仅是实践证明的一种态度，更是处在挑战之中的你不断叮嘱自己，催促自己，保护自己的有力武器。人不可一日无压，否则生命将会被耽搁，机会将会被浪费。只是面对压力，要用的巧，用的妙，让它自始至终都在为你服务，而切不可喧宾夺主。

现在，让我们一起来领略感悟压力、欣赏压力、排解压力的人生智慧吧，相信万事俱备，只欠东风的你在品味文字的时候，能够感受到释放出来力量的光辉。

目录 contents

第 一 章
不得不生活在压力之中

当有人问你为何总是忙忙碌碌,你会抬起头来无可奈何地报之一笑:"压力大啊。"

压力!没错,就是它进攻着我们宝贵的青春年华和美丽人生。但是在生活中,在这个四周充满竞争的社会里,谁要是拒绝压力,谁就注定无法生存。

这个世界上未知的事情太多,我们无法超越科技,却可以接受现实;我们无法预知未来,却可以把握现在。作为一个现代人只有善于找出压力、控制压力并且合理地排解压力、利用压力,才能以从容的姿态去积极面对生活,进而向人生更高层次求得发展。

1. 压力猛于虎 …………………………………… (2)
2. 敢问压力在何方 ……………………………… (3)
3. 寻找属于自己的人生坐标 …………………… (6)

4. 求全责备的生活不快乐 …………………………………… (9)
5. 不做金钱的奴隶 …………………………………………… (13)
6. 给生活一个希望的灯塔 …………………………………… (18)
7. 坚定的信念能够支撑你步入胜利的殿堂 ………………… (22)

第 二 章
别让压力毁了身体健康

> 你不懂得及时为自己释放包围在四周的重重压力，疾病就在所难免地会向你袭来。营养学家韦恩·皮克林说："太多人为了追求财富耗尽健康，之后又为了恢复健康而耗尽财富。"拥有完美人生最好的方法是不要为了追求任何事情而让压力毁了你的健康，因为只有那样你才有机会实现你的人生目标。

1. 生命中无法承受之"重" …………………………………… (28)
2. 饮食规律是你人生第一种幸福 …………………………… (30)
3. 别让"爱美丽"给你的生活压上重担 …………………… (34)
4. 对酒精大声说"不" ……………………………………… (37)
5. 你的身体不喜欢"给我一支烟" ………………………… (41)
6. 过度疲劳是威胁你健康的杀手 …………………………… (45)
7. 离滥用药物远一点 ………………………………………… (48)
8. 女人也有"压力病" ……………………………………… (54)

第 三 章
别让压力毁了心理健康

> 人最大的敌人是自己,许多人失败,并不是因为缺乏智慧和能力,而是因为他们无法战胜自己,无法战胜自己的心理压力。脆弱的心灵是让压力得以肆虐的根源,只有心灵的城墙坚实的人,才能抵御住它的攻击,才能坚守着自己成功的信念。社会的纷繁复杂已经让太多人对压力俯首称臣了,所以,聪明的人们必须时刻警醒地把握自己才不会让压力偷偷潜入你的心灵城堡,毁灭你的心理健康。

1. 找寻心灵的伊甸园……………………………………(58)
2. 战胜恐惧………………………………………………(59)
3. 要干脆,别犹豫………………………………………(63)
4. 不要让烦恼在身旁停留………………………………(68)
5. 自己给痛苦加一匙糖吧………………………………(71)
6. 打破自卑的外壳,你将收获整个天空………………(77)
7. 逃离恐慌的魔掌………………………………………(83)

第四章
别让压力毁了工作和事业

对人们而言,工作是一种必需品,只有工作着,生命才不会毫无意义地随着时光而逝去。在现代社会,数十亿的人们若想在与自然、与高科技的竞争中获得一席之地,就必须承受更大的压力来工作以期换得"永恒"的资本。

但是,"水能载舟,亦能覆舟",在压力之中,要么你可以一鼓作气扶摇直上,要么一败涂地全军覆没。个中关键是,让压力成为工作和事业的生命之源,而不是挡在你前进道路上的巨石。

1. 职场压力剧正在上演 …………………………………（90）
2. 挑战你自己 ……………………………………………（91）
3. 失败的下一站是成功 …………………………………（94）
4. 不要替工作做牛做马 …………………………………（98）
5. 让兴趣做主 ……………………………………………（102）
6. 认真做自己 ……………………………………………（106）
7. 抓住想溜走的机遇 ……………………………………（108）
8. 歼灭压力需要为能人所不能为 ………………………（112）

第 五 章
别让压力毁了亲情和友情

家,不只是单纯的头顶上的一块瓦。当你踌躇满志,准备踏向人生辉煌时;当你黯然失神,经历着痛苦和挫折时;你就会迫切地需要感情这座属于自己的城堡分享喜悦或是抚慰创伤。可是,忙碌的生活,紧张的工作,却迫使我们戴上功利的假面。如果你不能搞清楚在家庭中,在相契多年的知交好友中自己所应当饰演的角色,这两个人生中最重要的感情支柱就会瞬间土崩瓦解。当你察觉到丧失了这一切时,心情的痛苦就不仅仅是可以用"失败"来形容的了,当工作的压力摧毁了亲情和友情的时候,生活还能剩下些什么呢?所拥有一切财富也不过成了海市蜃楼,失去了真实和幸福。

1. 呵护你的人生堡垒 ………………………………… (116)
2. 别把烦恼带回家 …………………………………… (117)
3. 家庭是事业的"擎天柱" …………………………… (120)
4. 美好的假日时光,请你和家人一起分享 ………… (124)
5. 设计好你们的金秋之旅 …………………………… (126)
6. 交心不交"利" ……………………………………… (131)
7. 钱财是友情的夺命锁 ……………………………… (134)
8. 你们的生活不需要见证物品的进步 ……………… (136)

第六章
别让压力蒙蔽了感受美好的眼睛

压力在我们出发之前,就已经做好了准备。为此,你要停下享受生活的脚步吗?不管世界变得多么纷繁复杂,都要学会从中挖掘快乐的黄金。对待生活就像照镜子一样,你对它笑,它也会给你一个大大的笑脸。在它眼中,简单即是美好。所以,你不需要忙碌奔波,落入各种陷阱中不能自拔,只要认真对待生活,品味生活,压力就没有机会趁虚而入,蒙蔽原本感受着美好的眼睛。

1. 美好是心灵在唱歌 …………………………………(140)
2. 把你从繁琐的时尚中解放出来 ……………………(141)
3. 马上来个物品大裁军 ………………………………(143)
4. 寻找丢失在人群中的幸福 …………………………(145)
5. 快乐不塞车,心情一百分 …………………………(148)
6. 别让"自在"变成了"自缚" ……………………(150)
7. 在压力中偷得美好 …………………………………(151)

第 七 章
把外在压力化为激发自己的动力

> 压力是一把双刃剑,成也萧何败也萧何。在压力的手心里,可以轻松地摧毁一个人,也可以潇洒地成就一个人。这取决于你用怎样的态度去看待压力,看待它所带给你的种种困难、失望和痛苦。只要你不助长这个时刻藏在自己身边的恶魔的嚣张气焰,而是鼓起勇气迎头而上。压力,就会奇迹般地变成指导你的生命之舟驶向成功之海的天使。

1. 给老虎一个热情的拥抱 …………………………（154）
2. 把积极这块蜜糖装进你的口袋里 ………………（155）
3. 欲海无涯苦作舟 …………………………………（159）
4. 像超人一样变得所向无敌 ………………………（161）
5. 会当凌绝顶,一览众山小 ………………………（164）
6. 更上一层楼 ………………………………………（166）
7. 小忍才能成大事 …………………………………（169）
8. 让效率替你说话 …………………………………（172）

第八章
遵循缓解压力的黄金法则

几乎所有感到生活幸福的人都懂得缓解压力的黄金法则,这不是一种逃避,而是智慧、是嘉奖、是成熟的心灵散发出的睿智芳香。缓压片刻,你的生命能再次回升,踏在成功之路上的脚步将更加坚定。

1. 缓压自有风景在 …………………………………… (176)
2. 解读排解压力的"正确管道" ……………………… (177)
3. 成功男人,笑傲江湖 ………………………………… (180)
4. 做个魅力四溢的"半边天" ………………………… (182)
5. 运动是缓压的灵丹妙药 ……………………………… (187)
6. 良好的人际关系是生活为你熬制的"轻松汤" …… (190)
7. 舍得也是一种幸福 …………………………………… (192)
8. 知足的日子快乐相陪 ………………………………… (196)
9. 名利于我如浮云 ……………………………………… (200)

第九章
没有压力人生注定黯淡无光

狭路相逢勇者胜。面对压力,懦弱的人们会缩着脖子乖乖让到一旁,而勇敢的人不但敢于向它挑战,还会主动迎接这场战争。他们不是狂妄,不是冲动,更不是愚笨,而是因为这些笑傲沙场的勇士们懂得,只有压力才会让一个人从渺小走向伟大,从青涩走向成熟,从孱弱走向坚强。没有压力的人生,注定是一粒微不足道的尘埃,永远没有变成黄金的机会。所以,给自己加压吧!

1. 拥有一颗"高压"心脏 …………………………（204）
2. 坚持是收获成功的镰刀 …………………………（205）
3. 逆境是杯里的咖啡 ………………………………（207）
4. 快人一步,独占先机 ……………………………（210）
5. 寻找悬崖上的那一株灵芝草 ……………………（214）
6. 预则立,不预则废 ………………………………（216）
7. "小"中自有乾坤在 ………………………………（218）
8. 和差距过过招 ……………………………………（220）
9. 在自己的天地里遨游最自在 ……………………（222）

第一章

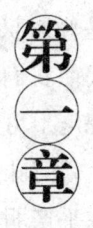

不得不生活在压力之中

当有人问你为何总是忙忙碌碌,你会抬起头来无可奈何地报之一笑:"压力大啊。"

压力!没错,就是它进攻着我们宝贵的青春年华和美丽人生。但是在生活中,在这个四周充满竞争的社会里,谁要是拒绝压力,谁就注定无法生存。

这个世界上未知的事情太多,我们无法超越科技,却可以接受现实;我们无法预知未来,却可以把握现在。作为一个现代人只有善于找出压力、控制压力并且合理地排解压力、利用压力,才能以从容的姿态去积极面对生活,进而向人生更高层次求得发展。

1. 压力猛于虎

　　每个现代人都承受着许许多多的压力，无论你是刚上学的孩子、大学生，还是为人父母者；无论你是普通职员、企业老板、演艺明星还是赋闲在家，早已退休。压力都是促使我们奋发向上或是过早地退出人生舞台的决定性力量，并且在某种程度上可够得上被称作为一种真理的资格。难道不是吗？没有压力的生活就意味着不必在乎时间，不必在乎上学、工作，不必在乎职位，不必在乎亲朋好友，不用关心你的伴侣、孩子和宠物……这样的生活，你能忍受得了吗？而忍受本身就是一种明显的压力吧？你说你能不能逃离压力的控制呢？

　　如果不相信，请试想一下，你是否曾经出现过危机意识？是否消沉过？是否有过深深的忧虑和懊悔？是否莫名其妙地感到苦恼、嫉妒、痛苦？是否猜忌过某人某事？是否悲哀和厌烦过？其实，只要拥有正常的人生，就会明白这些东西犹如空气一样紧紧笼罩着你，一天二十四小时，包括你的做梦时间，而你却无法拒绝它的存在。

　　因此，我们每天每时每刻每分每秒，可以说都不会有脱离压力的真空状态！如果你觉得不可思议的话，那生活就消失得一点不剩了。

　　在这里先举一个简单的例子，当你站在海边高耸的岩石上，肯定会感受到脚底下汹涌的海潮扑面而来的危险气息。这时候你也肯定已经对自己说了几千几百个小心、小心、再小心。除非你早已想自杀，否则一定没有傻呼呼的还在岩石上乱跑乱闹的可能。这就是压力所带给你的感觉，有点恐怖，同样有点奇妙。

　　可以说，适当的压力能使你以积极乐观的态度在这个我们必须为了满足越来越高的期望值变得日益复杂的社会中努力工作、生存；然而承受过高的压力却不见得是一件好事情，超标的压力就像超重的大汉一样，乍一来到身边就会让你感到威胁，精神遭到沉重的打击，行为也会不由自主地恶化，不过话说回来，过低的压力更会使你对生活感到厌倦而毫无勇气和信心。

所以，千万别小看压力！它可是拥有指挥一个人存在这个世上的强大力量的！

今天的你我，虽然不必再做可笑的为了食物而与野兽搏斗，为了茅舍而奔走呼号的事情。但自从进入工业社会至今，人们再也无法享受心灵的宁静却是个不争的事实。机器的铁血侵入，使本来就已复杂的令人头痛的人与人之间的竞争、人与自然之间的竞争又多了一个可怕的同盟者——人与机械的竞争。无辜的人们束手无策地生活在这据说是让我们越来越舒适，而压力却无休无止的生活中难以自拔。如果你选择了逃离压力，你也就不会再去创造，对社会也就毫无价值可言了。所以，在你抛弃努力的同时世界也无情地抛弃了你。

翻一翻报纸，会发现人原来是这样脆弱的一种生物！在号称高科技的今天，越来越多的精英分子因为压力而以"牺牲"健康为代价，献给了所谓的带给他们"幸福生活"的工作，"鞠躬尽瘁，死而后已"；有多少不堪重负的稚嫩心灵满怀痛苦和失望地踏上了报复社会的不归路；有多少"边缘人"在现实和理想的夹缝中苦苦挣扎以求生存呢？

压力猛于虎，绝不是夸大其谈更不是危言耸听，如果不对它提高警惕，你的生活就会被剥夺的只剩下"糟糕"二字了。

2. 敢问压力在何方

压力这个东西，归根到底是来源于你的日常生活，是你对生活的需求或是一些特殊的标准，并且为了这个目的不停地寻找转变的方式和能量（金钱）。在你有了理想，有了希望的同时压力也就应运而生了。这

时,如果你不能摆正心态,不能端正态度,不能学会控制,压力就会得寸进尺的进一步侵入,引发一系列的身体和精神上的不适。在你的生活中,你有没有"一日而三省吾身"?

食品:有没有每天都吃健康的水果、蔬菜,吃的食物够健康,搭配够科学吗?是否泡在成堆的垃圾食品中变成"瘾君子"还不知道及早抽身?

睡眠:你每天一早醒来,能感到放松和神清气爽吗?是不是迫不及待地想做伸展运动呢?心情愉快吗?有没有微笑着想和每一个人打招呼的冲动?在入睡前你是否很快的就能见到周公,还是服用了镇静药品才能摆脱"长夜漫漫,孤枕难眠"的苦恼呢?

环境:你与周围的邻居相处和谐吗?你对所在的城市环境和空气质量是否满意?车子是否能在马路上凯旋高歌畅通无阻呢?你能友善地对待每一个人吗,包括怯生生的向你走过来乞讨的老者?

身体:最近有没有不舒服?别人是怎么看我的,觉得我不够年轻,不够迷人么,还是太胖了?

习惯:你有喝酒、吸烟的习惯吗?你每天都兢兢业业的"遵守"和履行这些习惯吗?

工作:你能给现在的工作打几分?对老板的评价如何,在老板身边工作是否感到安全?对于竞争,你应付得来吗?你对公司来说有没有被委以重任的价值?你对薪酬感到还满意吗?

家庭:你的家庭是不是很幸福?伴侣、子女、父母、亲戚之间是否都能相处得十分融洽?如果出现问题,你会不会感到措手不及而毫无招架之力呢?所有的家庭关系玩的转吗?要知道,如果一招不慎,你很可能就满盘皆输了!

从上述问题中我们很清楚地看到这样一个事实:压力源于生活又作用于生活。很有点哲学的味道吧,确实如此。压力所带给人们的不单纯是对外在世界的一种匮乏感受,更是一种心理上的压迫和折磨,并由此所造成的足以将人毁灭的各种各样的疾病甚至是自我了断。

在自我标榜为自由至上的美国，当一些人被问到："每天生活中多久会经历一次压力"时，40%的人回答是一直；39%的人则认为是有时候。因此，也就是有79%的人肯定地认为在日常生活中受到压力的威胁。还有一些调查显示，一般的上班族到医院看医生时，医生经常对他们所说的一句话就是："不要有太大的压力，放轻松一点"，它的出现几率达60%以上。

因此，如果你想挣脱压力的束缚，给自己松绑，保持各方面平衡发展，处理各种乱糟糟的事情还游刃有余的话，主要的可行措施就是想尽一切办法去努力完善自己，学习生活技能并积极地挖掘你的个人能力。

这一切你都可以以生活为老师并从中学到足以应付一切麻烦的能力和技巧。生活技能学得越多、越好，你应付生活跷板另外一边需求的能力也就越强。这也就是说，你应付压力的技能越好，技术熟练程度越高，你对生活中的各种需求的控制也就越好。换一种说法，就是需要你练就出色的自控力，不去追求不切实际的东西。看到这里你也许会说我为什么不能随心所欲而一定要学会控制呢？这是对我权利的一种亵渎！是的，所有人都需要自由，然而并不是说自由能乖乖地听每一个人的话。对那些应付能力差的人同样也有高标准的需求，为了实现它长期遭受各种不可控制的和不可预见的事情的折磨。就比方说你是一个穷光蛋却号称自己即将拥有一辆阿斯顿·马丁，同时夜以继日地搬砖头赚钱，浪费掉了所有原本用来享受生活的时间。这些人能感受到的就是欲望，就是痛苦，就是折磨。他们无法控制要求，却没有能力去实现自己的梦想，让不完善的自己承受了过大的压力了。人们在有所追求的时候根本无法预感和躲避即将来临的困难，所以往往会手忙脚乱。没有人可以完全自由地编写自己的剧本，因为命运偶尔也会给我们带来一些预料不到的事情。然而，控制生活中的欲望的实现能力是每个人都拥有的。让这种原本封印在体内的能量改变你的人生轨迹却是笑对压力，摆脱压力的最为重要的因素。因此，马上行动起来吧！

3. 寻找属于自己的人生坐标

一个人生活在这个纷繁复杂的社会上时，该给自己一个怎样的位置呢，是忠是奸是人才还是蠢材都取决于你的付出和努力。这个坐标决定着你的一生是否有取得成功的可能及所取得成就的大小。想要攀上珠穆朗玛峰的人的脚步不会停留在平地，心甘情愿为奴为婢的人也不可能做生活的主人。

古时候，一位道行高深的禅师为了启发他的门徒，给了他一块石头，叫他去菜市场试着卖掉它。这块石头又大又漂亮，但禅师告诉他的弟子说："不要卖掉它，只是试着卖掉它。注意观察，多问一些人，然后只要告诉我，在菜市场它能卖多少钱。"这位门徒照吩咐去做了，在菜市场出的价格只不过是几枚小硬币。

师父说："现在你再去黄金市场问问。"从黄金市场回来，这个门徒很高兴地说："这些人太棒了，他们乐意出到1000元钱。"师父说："现在你去珠宝商那儿，他们肯定会出5万元、10万元、20万元、30万元、甚至更高。"

认识到价值和能力，懂得自己能有几斤几两，是需要花费一些心思的，你不能只在菜市场上寻找你的价值，为了"卖个好价钱"，你必须具有高瞻远瞩的姿态，让别人把你当成宝石看待。为了使自己能得到充分发展，进行全面准确的个人评价是非常必要的。你需要记住这样一个准则：掌握自己的命运，决定自己的价值！

有许多人生活得很不快乐，抱怨命运对自己多么多么的不公平，不是怀才不遇就是命运多舛。他们总是喜欢羡慕那些事业有成之士，盲目效仿别人去做某件事，而不知道自己是否擅长。他们不能认清自己的专长，了解自己的能力，结果自然是徒劳。其实每个人都有许多能力，但总有一种能力是最擅长的。只有找准最擅长的事，才能最大限度地发挥自己的潜力，调动自己身上一切可以调动的积极因素，并把自己的优势发挥的淋漓尽致，从而获得成功。反之，那些不知道自己擅长做什么事的人，总在别别扭扭地做着自己不喜欢、不擅长的事，以至于在工作中没有足够的热情，感到生活也是毫无色彩、毫无希望的。在这些人身上自然找不到生机勃勃，春色无边，而只是说不尽的痛苦，道不尽的压力了。

给自己一个准确的定位，成就着你不一样的人生。

汽车大王福特从小就在头脑中构想能够在路上行走的机器，用来代替牲口和人力。而全家人都要他在农场上做助手，但是，福特坚信自己可以成为一名机械师。于是，他用了一年时间就完成了别人要三年的机械师培训，随后他花两年多时间研究蒸汽机原理，试图实现他的梦想，但是没有成功。随后他又投入到汽油机研究上来，每天都梦想着制造一部汽车。他的创意被发明家爱迪生所赏识，邀请他到底特律公司担任工程师。经过十年努力，他成功地制造了第一部汽车引擎。福特的成功，完全归功于他的正确定位和不懈努力。

迈克尔在从商以前，曾是一家酒店的服务生，替客人搬行李、擦车。有一天，一辆豪华的劳斯莱斯轿车停在酒店门口，车主吩咐道："把车洗洗。"迈克尔那时刚刚中学毕业，从未见过这么漂亮的车子，不免有几分惊喜。他边洗边欣赏这辆车，擦完后，忍不住拉开车门，想上去享受一番。这时，正巧领班走了出来，"你在干什么？"领班训斥道，"你不知道自己的身份和地位？你这种人一辈子也不配坐劳斯莱斯！"受辱的迈克尔从此发誓："这一辈子我不但要坐上这种名牌车，还要拥有自己的高级车！"这成了他的奋斗目标。许多年以后，当他事业有成时，果然买了一辆劳斯莱斯汽车。如果迈克尔也和领班一样认定自己的命运，那么，也许今天他还在替人擦车、搬行李，最多做一个领班。人生的目标对一个人来说是何等重要啊！

人生能否活得洒脱和飘逸，在于能否给自己一个准确的定位，一个合理的理想。如果听天由命，不管做什么事情都一味低调，好逸恶劳的话，肯定是会被生活所鄙视、抛弃的。这时候难道你还在埋怨生活给你的压力过大吗？其实，这个枷锁是你自己加上的。

　　这个世界上有太多的人搞不清自己的角色，不知道什么样的鞋子才最适合自己的脚。穿上了才发现夹得趾头真痛得很呐，可是到了这个时候往往就会被鞋子带来的压力绊个嘴啃泥。因此，在生活上、在工作中寻找自己的那个坐标重要极了，没有了它，你很可能连饭都吃不上，还谈什么发展成就，谈什么潇洒？

　　既然一个准确的人生定位那么的重要，应该怎样寻找呢？

　　①搞清楚自己的性格特点。有许多工作痛苦的人都觉得工作简直就是一种人生的炼狱，而自己必须年复一年日复一日地忍受着。其实，这是由于你在找工作的过程中错误地估计了你自己。也许你当时的想法是，这份工作对我来说简直太容易不过了，把它搞好就跟玩儿似的，但事实上你根本做不好它，这就是你给自己定位错误的结果。这个世界上有许多事情看起来很容易，但实际上却困难重重，不要以为每个人都可以去做销售人员，如果你没有出色的抗打击能力，没有外向活泼的性格，那么总有一天你会被这项工作折磨的发了疯。

　　②尊重自己的兴趣爱好。可能你是学理工科出身，但是从中学开始起你就为了实现自己的作家梦而努力着，到现在参加工作了仍然笔耕不辍。不要白白浪费掉你这么多年来的心血和汗水，坚持下去，终有一天你能跻身你所感兴趣的行业当中去的，只是个时间问题。

　　③正视自己的不足之处，不要一味地幻想自己的人生。给自己一个人生定位的时候千万不能够想当然，以为自己怎么想事情就会怎么发展，这是极其错误的想法。无论何时，你都必须根据自己的实际情况和现实条件做出合理的判断，否则你的生活只能以失败告终。

　　④对于人生定位，你不能对自己太过宽容，否则的话你没有了奋斗

的力量。要时刻把眼光抬的高一点，使劲盯住自己梦想的那个金字塔的最高点，这样你就会更加斗志饱满，也更有可能获得成功。如果你告诉自己不必那么辛苦，反正生活有一点进步就行，那么你永远不会得到成功的最高奖赏，也永远摆脱不了小人物碌碌无为的命运。

想要自己的人生过得优美一点，就得给自己定的方向高一些。虽然在奋斗过程中可能你会承受比庸庸碌碌的人们多若干倍的压力，但是当你到达人迹罕至的成功顶峰时，就再没什么力量能来和你争和你斗了，压力，还敢找上已无所畏惧的你的门来吗？

4. 求全责备的生活不快乐

没有完美的世界，也没有完美的人生，有时候，目标与现实之间只差一点点而已。如果你抱着自己的完美理想不放手的话，就会招惹来无穷无尽的烦恼的纠缠，相反，在完美与不完美间寻找一个平衡点，你的生活将会快乐轻松很多。

有些人活着，就是以完美地过完自己的每一天为目标的。当他看到房间里沾上了一些尘土灰尘时，会惊呼！赶快进行了一次大扫除；当他看到自己的鼻子、嘴巴或是某某部位不如别人时，会大叫：我也要那张脸！于是不惜大动干戈让人拿刀子给自己画个大花脸；当他看到电视里插播的泡着花瓣的浴缸，会马上跑去买一个，他有洁癖，一天洗手若干次；他总是愿意让自己看上去永远一丝不苟，连头发也梳理的严整些；他总是愿意别人说他："看！人家过的多细致！"他喜欢别人称赞他并且也自诩为："我是完美主义者。"

事实上，完美主义惟一的好处在于有时你能获得比较好的结果，与此同时，在你努力取得完美时，你可能感到紧张、忙碌，不安，发觉很难放松。你很可能对人对己都吹毛求疵，因而损害了你的人际关系和心

理健康。并有可能使你害怕失败所带来的不完美境地而拒绝发起向生活的挑战，最终成为一个生活上的彻底失败者。

作为一名完美主义者，如果你未能达到某一目标就感到自己在那些方面彻底失败了，因而深深地自责和痛苦。无论你做得再多再好也不会令自己满意，而是不断地追求更高的目标。尽管这些在他人看来已经十分了不起，你也可能会对自己有更苛刻的要求，害怕暴露自己的缺点，只想将自己令人叹为观止的完美无缺的一面呈献在大众面前。这种心理一旦控制你久了，便会给你的精神和身体带来严重的影响，那可能是病态的。

有时候人们会被这种在生活中或是工作中吹毛求疵、追求完美的压力所蒙蔽。认为只有做的"更好"些才会使自己更加幸福，其实，大可不必，有时候你的缺陷也是一笔可观的人生财富。

詹姆士·杨原本是新墨西哥州高原上经营果园的果农。每年他都把成箱的苹果以邮递的方式零售给顾客。

一年冬天，新墨西哥州高原下了一场罕见的大冰雹，砸得一个个原本色彩鲜艳的大苹果疤痕累累，詹姆士心痛极了。完了，这下全完了！我将失去所有的顾客和收入了！他越想越懊恼，就坐在地上抓起受伤的苹果拼命地咬起来。忽然，他的动作停顿了，他发觉这苹果比以往的更甜、更脆，汁多、味更美，但外表的确难看。

第二天，他把苹果装好箱，并在每一个箱子里附上一张纸条，上面这样写着："这次奉上的苹果，表皮上虽然有些难看，但请不要介意，那是冰雹造成的伤痕，是真正的高原上生产的证据。在高原，气温往往骤降带来坏天气，但也因此苹果的肉质较平时结实，而且还产生了一种风味独特的果糖。"

在好奇心的驱使下，顾客都迫不及待地拿起苹果，想尝尝味道："嗯，好极了！高原苹果的味道原来是这样的！"顾客们交口称赞。

这批长相丑陋的苹果挽救了几乎赔掉一切的詹姆士，而且还以它

"特殊"的标志性的模样而广开销路。大受顾客好评。詹姆士也因此大获成功了。其实，生活中尽善尽美的事情真是少得可怜，它们大多有着这样那样的缺陷，让我们感到深深的遗憾。面对缺陷，我们不可一味气馁、气愤，更不要自卑、悲观，将缺陷与它本身的优势或独特之处联系起来，事情就不会如你所想的那么失败了，还有可能的是它还会成为你人生走向成功的重要力量。

在我们的成长过程中，我们逐渐养成了这样的信念：我们应该自始至终努力让生活变得尽善尽美。不幸的是，你的期望越高，往往失望也越大。由于对自己的要求过高，给自己施加了过多的压力，就会束缚住自己的手脚，迫使你最终放弃了努力，以致一无所成。或者最终崩溃掉。相反，如果你降低了对自己的要求，不再对自己提出好高骛远的期望，你的心情反而会因为解脱而舒畅开心起来，会觉得自己更有创造力，更可以轻松上阵了。正如莎士比亚说过的那样："最理想的境地总是不可到达的，但是人们往往不知道应该退而求其次。"结果，你只能被碰得头破血流。因此，完美主义不是一种你应给予强化的心态，而是一种你应给予弱化的心态。

努力克服完美主义的几种方法：

①列出其利弊

列出完美主义的利弊，和它对你生活的影响，以此来说明完美主义其实对你没什么特殊意义，它只会让你需要做的工作成倍地增加而已。

②确定明确的时限

对任务进行分析，确定完成它的时间限制。不要说"我要做这件事"而应说"我有15分钟的时间来做此事，所以要尽量把握方向做到位就可以了。否则你会在永远不满足中徘徊不前。

③敢于暴露自己的弱点

向你的亲友或家人吐露心声。你若在某些情况下感到压力过大或紧张，告诉他们，并把这当成是一次挑战。敢于做平常人，并且敢于承

认。认识到自己的弱点和错误是你走向成功的关键一步。

④欣赏工作中的每个阶段

把精力多集中到工作的进程上而不是其结果。不时地停下来，欣赏进程中的某一刻，而不要老盯着最后的结局。否则你会过得很疲惫。因为你再怎么努力也会发现结果还是那么的不尽如人意！

⑤用自己完成的事情来鼓舞自己

当你觉得自己很失败时，可以先列出一张清单，在上面写上你当天完成的事情：譬如泡了一杯清香的茶，积极地工作了一天，用电脑进行了文字处理，学到了一个新式的做菜法……

⑥每天都记录你的成功

每天都在大脑里记录下一个美妙的时刻、几项成功完成的工作或是别人的一声称赞，晚上睡前再回忆一遍。你会觉得自己还是很成功的。

⑦拿自己的错误当消遣，给自己点幽默尝尝

你可以拿自己犯下的错误来消遣，把它们编成有趣的故事讲给别人听。他们其实很乐意听到别人也干和自己一样的蠢事。今天小小的差错往往就会成为明天的逸事！尝试一下，会发现你不仅不会为此丢掉脸面，相反，还会给别人留下平和的印象特别是当你有所成就时。

在生活中，事事追求完美可不是什么值得称赞的做法。你努力的方向应该是让自己充满才干、独一无二而不是做什么都有两下子却始终是咣咣当当的半瓶子的醋。要记住，虽然你缺点很多，也相当不完美，但因为你是你不是别人，这点就会让你变得独特和稀有起来。就像那个长相并不好看的苹果，其实还是相当内秀相当有内容的呢！卢梭说："大自然塑造了我，然后把模子打碎了。"但是，有太多人违背自我，以别人眼中的"完美"作为自己的目标和追求对象，所以，肯定活的很累。对于生活，大可不必如此，只要保持正常状态拥有一颗知足的平常心，你将轻松许多。而且，接受多数人身上都存在的缺点，你的生活一定能或多或少地得到改观，同样，对自己也尽量宽容一些。学会欣赏自己的不完美才会构建属于自己的生活和天空！那么，从现在开始，学会接受自我，找寻不完美的美丽所在吧。

5. 不做金钱的奴隶

歌德曾说过："以功利的眼光去看整个世界，没有任何东西是珍贵的。"所以，为何还要苦苦逼迫自己，让你成为金钱和物质的奴隶呢？为它们放弃美好和幸福，这笔交易是否划得来呢？

很多人说："只有富有了，有钱了，才能买到很多东西，才会感到扬眉吐气和真正的幸福！"这些人上学读书，只是为了毕业出来后找份高薪的工作，他们工作了，赚了钱，就可以支付用餐的昂贵费用、各种各样的账单，买更好的房子和足以炫耀的车子，娶到家境好一点的漂亮女人。在这些人的人生目标中，只有有了钱才能算得上幸福的基本合格。但是如果你觉得自己现在不够幸福，并希望有朝一日能通过金钱让自己幸福起来的话，那么这种希望只能是水中月，镜中花。早晚你会沉溺于对物欲的贪婪和追求并深陷其中而迷失自我。对待金钱，正确的观念是：把幸福和财富的顺序颠倒过来，告诉自己："如果我是幸福的，我就能拥有获得财富的机会！"要知道，金钱是永远没有资格和幸福画等号的。

凭心而论，金钱确实是可以给人带来快乐的一种强大的力量，但当我们不能正常对待它的时候，当我们对物欲追求永无止境时，它给予我们的只能是烦恼。哲学家史威夫特说过"金钱就是自由，但是大量的财富却是桎梏。"看看作为现代人的你的精彩生活吧：为了体会富有的感觉，你花了许多钱去购买各种各样的也许这一辈子都用不上的物品，并把它们保存起来。可是与此同时你也越来越害怕失去它们，不得不为它们看家护院。本来是让物品来为你服务，现在可到好，你成了保护它们的奴隶。看看，这岂不是很可笑吗？也正是因为这种压力，凶狠地夺走了你获得更多快乐更多享受甚至是更多财富的机会。这就是得不偿失的具体表现形式。消耗金钱的有效途径就是购买大量的东西。人们往往不觉得损失了什么还为自己能买得起这么多东西而洋洋得意呢！殊不知，这些物品摆明了除了做负担外没有其他的用途。所谓的负担有这样一种特性：它不但自身会不断繁殖压力，同时还会带来各种各样变化了的新负担。你买东西花掉的钱成了死钱，就再也无法创造新的财富了，为了再次让自己积极地投入到赚钱的大军当中并且希望别人再次看到和夸耀、羡慕你的富有，就必须再来一次艰苦的原始积累过程，重新下更大精力和气力去赚钱，然后再次购买给你带来无穷无尽的麻烦的东西，由此而形成恶性循环。这种态势一旦形成，你会感到压力似乎是"子子孙孙无穷匮也"地铺天盖地般狂袭而来了。试问，在这样的生活中你能够感受到幸福快乐吗？金钱为了物品而死去，再生的循环体系就此中断了。你也就为金钱所累不得不年复一年日复一日地给它当长工，扛长活了。可见，从现在开始马上着手清理你头脑中的物质欲望对于改善你的经济状况，改善你的人生努力方向和对幸福一词的理解都是具有相当重要的作用的。

　　还有一个重要方面，金钱也不是万能的，它带给你的也不过仅仅是种物质的满足。有太多太多的东西是金钱买不来的。曾经见过有些享受得起世间号称极品物质的快乐的人们却患精神病而崩溃掉；也曾看见有些富得能买一个小国的富翁感叹道花再多的钱也买不来片刻的心情安定。这些人也许永远也无法想通钱不是万能的，也永远相信没有钱的那天一定是上天带来的世界末日，所以老老实实地恪守自己守财奴的本分，所以当穷苦人来向他们祈求布施的时候，不同性别的葛朗台们该是多么的愤怒啊！

　　然而金钱果然不是万能的，它有时会要了你的命，因为人们心中都有一本"贪"字经。有个富翁在激流中翻了船，爬到溪间的石头上大喊救命。

一个年轻人奋不顾身地荡舟去救，但是由于山洪下泻而渐涨的湍流，使他的船行进得非常缓慢。

"快呀！"富翁高喊，"如果你救了我，我送你一千块！"

船仍然移动缓慢。

"用力划啊！如果你划到，我给你两千块！"

青年奋力地划着，但是既要向前，又要抗拒水流的阻力，船速仍然难以加快！

"水在涨，你用力呀！"富翁嘶声喊着，"我给你五千块！"说时洪流已经快淹没他站立的地方。

青年的船缓缓靠近，但仍然嫌慢。

"我给你一万块，拚命用力呀！"富翁的脚已经淹在水中了。

但是船速反倒变慢了。

"我给你五万……"富翁的话还没说完，已经被一个大浪打下岩石，转眼卷入洪流，失去了踪影。

青年颓丧地回到岸上，蒙头痛哭：

"我当初只想到救他一命，但是他却说要送我钱，而且一次又一次地增加。我心想，只要划慢一点点，就可能多几万块的收入，哪里知道，就因为慢了这么一下，使他被水冲走，是我害死了他啊！"青年捶着头，"但是当我心里只有义，而没有想到利的时候，他为什么要说给我钱呢？"

迷恋金钱的人只要想到钱，似乎就会失去平常的理智。钱关难过。千百年来的历史证明，谁不做金钱的主人，谁就会变成金钱的奴隶。

谁不能成功地控制金钱，谁就会被金钱所控制，丧失自己。

那么，在这个充满压力，崇尚金钱万能的时代，我们应该以怎样的心境去对待让我们又爱又恨的金钱呢？

这个故事并不是要人们去学习老人那种看起来似乎是"有福不享"

的守财奴行径，也不是让你干什么都不能沾上铜臭味，毕竟还是要生存的对吧。而是说，对待金钱，要泰然处之，不要把钱看的太重，不要把金钱的缺乏当做巨大的压力。如果把金钱囤积起来，无疑就是一堆废铜烂铁，而你每天也只能吃得下胃口能装得下的东西，睡一张床。但是，在这个毕竟以金钱多少作为衡量一个人是否成功的时代，你要学会努力赚钱，并且，体味成功。不过要注意的是，让金钱发挥它的作用，让它帮助你得到幸福生活的条件而不是成为生活上的负担！

以下是对待金钱的有效方法，学会运用它，你的生活会变得轻松起来。

①不要预支未来钱

不要贷款搞昂贵的投资，一旦你运气不好很容易负债累累，从而变成金钱和银行的打工仔。

②用现金支付

如果客人都用信用卡结账的话，连锁店简直要乐疯了，因为顾客不用现金结账时，他们平均要花掉双倍的钱。钱包其实是观察个人经济状况最简单的方式。许多富人（甚至是一些银行家）都是坚定的现金支付者，尽管他们不断地在为信用卡做广告。鼓鼓的钱包能带给你富有的美妙感觉，而且它永远不会透支。

③简化你的生活方式

你时刻要注意节俭。将大宗的采购计划先搁置在一边、购买物美价廉的生活用品、不再去餐馆吃饭、不再乘出租车、换一辆小点儿的汽车。总之，放弃所有奢侈的习惯，让自己进入过于平常的日子，这样会给你省下很大一笔财富。

④不要习惯于"赤字"的出现

你现在就要让自己摆脱债务的旋涡。谁一开始就对贷款司空见惯的话，谁就会对收支管理越来越不关心，直至被卷入债务旋涡不能自拔。记住：越早脱身越好！

⑤不要把银行视为敌人

不愿正视所面临的问题，不打开装有账单和银行结账单的信封，这些都于事无补。你应当同你的银行顾问一同制定一个切合实际的计划来偿还债务，没有人会像银行一样对类似的计划感兴趣。你不应该每月到银行一点点地去支付，而应尽可能多地偿还你的债务。

如果你对咨询过程中提到的某些事情没有完全理解，一定要反复询问及对付狡猾的银行顾问的基本原则就是：提问，提问，再提问！你必须对你贷款和账户方面的一切都了解透彻，直至每一个细节。如果有什么疑问，不妨请一位懂行的朋友或是你的税务顾问同你一道去咨询。

⑥一分钱掰成两半花

大多数辛苦的上班族会认为，增加收入要比减少开支更重要。其实不然，那些管理金钱的能手都是两者兼顾的。就算你有不错的工作和可观的收入，也不要以过度的花销作为对自己的奖赏。在购物方面你还是应该和以往并不富裕的时候一样，尽量通过节俭为自己积累财富。否则你就会陷入可怕的泥坑。

⑦捐一些钱

你会有这样一种心理：在你捐钱给需要它的人时，你会觉得自己富有。你在捐赠之后会提醒自己，在经济方面保持克制。

如果你吝啬的像个守财奴，你的过度的利己主义会让你受到自身道德意识的惩罚，而当你捐钱给别人时，你会感到自己是一个真正富有的人——这种感觉是无价的。

⑧正确看待你的经济现状

你会觉得生活在和你作对、金钱在和你做对。有时你会这样看问题：金钱到处流，就是流不到你身边。

把自己视为生活的导演，而不是生活的牺牲品。任何时候都保持一种淡然的态度来对待金钱，你会发现，生活原来是如此轻松的，你终于有时间去享受美好的生活了。

总而言之，你如果要做一个快乐的人，一定要记住：金钱不是万能的，不是权力甚至不是任何东西，只是用来达到目的的一种工具罢了。若你不注意发展你的人格而只注意赚钱，那么，即使拥有全世界银行金库里的钱也不能买到你的快乐！金钱变为你的生活目的时，怕连你的生活也要保不住了。这个时候，你不放弃生活，生活也会放弃你！所以，不要让金钱带来的压力"连累"你吧！

6. 给生活一个希望的灯塔

失去目标的生活会变得困难重重，一切事情似乎都没有什么头绪：家庭该怎样过活，将来的我还能做什么，上了年纪会不会过于贫困……你不知道现在该如何为自己今后的目标奋斗，也就会感到前途压力无限，除了一片白茫茫大地真干净外基本没有什么看上去有点希望的事情。

世界上没有一个人有着："凑合着过吧"这样的生活心态，每个人的生活都有一个目标，有它内在的意义。我们都需要目标、任务，需要有为之奋斗的东西，人生的路上，即使是很小的一个目标都足以使生活变得精彩纷呈。

在这样百无聊赖的日子里，如果你还是浑浑噩噩，不知道生活里到底有什么需要你为之付出的事时，也就是到了该提醒自己考虑变换一下人生努力方向的时候了。那么，首先该如何确立自己的人生目标呢？需要从哪些方面对其发生作用呢？我们来看看。

①你的存在是为了延续生命、生儿育女、传宗接代，还是为了进行探索和追求，为了实现生命的梦想而努力创造，这一点要问清楚自己。

②这是最普遍的一个现象

每对夫妻在决定要小孩的同时，都不可避免地会将自己的期望寄托在即将出生的孩子身上。也就是说，给孩子提前安装上了他（她）的人生目标。

比如说，如果父母其中任何一方的家庭中还留有未完成的事业，或未完成的梦想时，为其画上圆满的句号（比如协助家庭企业迈向成功）或者只是让你的父母享受优越的生活条件。

③你的天赋及不足之处

从自己的天赋或弱项中，你可以逐渐找到你自身的鲜明特点，并凭借着它不断地尝试，不断地完善，一步一步向自己的人生理想靠拢。对于大多数人而言，这是他们目标确立的最有价值的参考。

④你自己的生活梦想

大多数人只是眼看着他们的梦想从眼前经过，然后消逝，却无能为力。只是因为你的父母、爱人、儿女不喜欢你这样做。

但是，我们要强调的就是要重新寻找这个梦想，并根据它确立你自己的人生目标。不用顾忌别人的想法或者仅供参考，毕竟人生之路怎么走还要全靠你自己。

也就是说，做你真正想做的事，树立真正属于自己的人生目标。

我们会有什么样的成就，会成为什么样的人，就在于先做什么样的梦。先有梦，才会发挥潜能，才会有所成就。

一个出生于旧金山贫民区的小男孩从小因为营养不良而患有严重的软骨症，6岁时双腿变形成弓字形，小腿更是严重萎缩。然而在他幼小的心灵中一直藏着一个没有人相信会实现的梦——除了他自己。这个梦就是有一天他要成为美式橄榄球的全能球员。他是传奇人物吉姆·布朗的球迷，每当吉姆所属的克里夫兰布朗斯队和旧金山西九人队在旧金山比赛时，这个男孩都会不顾双腿的不便，一跛一跛地到球场去为心中的偶像加油。由于他穷得买不起票，所以只有等到全场比赛快结束时，从工作人员打开的大门溜进去，欣赏剩下的最后几分钟比赛。

13岁时，有一次他有幸在布朗斯队和西九人队比赛之后，在一家

冰淇淋店里和他心目中的偶像面对面地接触了，那是他多年来所期望的一刻。他大大方方地走到这位大明星的跟前，朗声说道："布朗先生，我是你最忠实的球迷！"吉姆·布朗和气地向他说了声谢谢。这个小男孩接着又说道："布朗先生，你晓得一件事吗？"吉姆转过头来问道："小朋友，请问是什么事呢？"男孩一副自豪的神态说道："我记得你所创下的每一项纪录，每一次的达阵。"吉姆·布朗十分开心地笑了，然后说道："真不简单。"这时小男孩挺了挺胸膛，眼睛里闪烁着快乐的光芒，充满自信地说道："布朗先生，有一天我要打破你所创下的每一项纪录。"

听完小男孩的话，这位美式橄榄球明星微笑地对他说道："好大的口气，孩子，你叫什么名字？"小男孩得意地笑了，说："奥伦索先生，我的名字叫奥伦索·辛普森，大家都管我叫 O. J.。"

事实确如他少年时所言，他克服了先天因素所给他造成的巨大障碍，在美式橄榄球场上打破了吉姆·布朗所写下的所有纪录，同时更创下一些新的纪录。几乎所有人都惊呼这是一个奇迹，你看，这就是一个人向他所宣誓的目标开始前进中所创造的奇迹！这是因为目标能激发令人难以置信的潜力，改写一个人的命运的典型事例，会不会对你有所启发呢？各位朋友，要想把看不见的梦想变成看得见的事实，首要做的事便是制定目标，这是人生中一切成功的开始。目标会引导你的一切想法，而你的想法便决定了你的人生。

设定目标有一个重要的原则，那就是它要有足够的难度，乍看之下似乎不容易实现，可是它又要对你有足够的吸引力，愿意全心全力去完成。当我们有了这个令人心动的目标，若再加上必然能够达成的信念，那么就可说是成功了一半。

除此之外你需要行动，行动的过程跟你用眼睛看东西的过程有很多雷同之处。当你的目光越是接近要看的目标，就越会注意地看，不仅是目标本身，且包括它周围的其他东西。

目标可以吸引我们的注意，引导我们努力的方向，至于最后是成功或是失败，就全看我们是否能始终走在正确的方向上了。

成功者和失败者之间最大的区别就在于是否能够树立明确的目标。并且要下定决心为它流汗流泪。你为追求目标的勇敢程度直接决定着你成功与否，并为你的人生赋予了许多重大的意义。当你准备走向成功之路时，各种压力就随之而来，几经斗争后它们就会识趣地烟消云散了。

这也正如亨利·大卫·索罗所说："如果一个人能充满信心地向他的梦想迈进，并且努力去过自己渴望的生活，那么他将会在平凡的日子里获得意外的成功。"

现在，看看为实现目标都需要做些什么吧！

①列出明确的目标

把你明年及今后几年想要从生活中获取的东西写下来，不管它们看上去有多么的不现实，要包括你的梦想及目标。

②重新考虑

无法实现的目标应该毫不犹豫的马上删除。千万别计划用业余时间来攻读学位或把呆在家里什么都不做当做目标。目标可以定在获取你所在地区的运动冠军，但千万别计划去拿什么奥运会冠军。

③考虑所列出目标的重要性，选取对你来说最为重要的那一个作为拼搏方向。

④列出具体内容并写出行动计划

勾勒出实现每一目标的步骤图，可以把这项工作看成你在指点你即将拥有的"大好河山"，这样的话就更加信心百倍了。

⑤判断可能遇到的障碍

判断什么会妨碍你的工作，寻求解决的方法。例如，你若觉得家族中的人们会搞出太多的事情来占用你的时间，你可以采取在日历上留出具体的日子，来专门集中分批量地处理家务事。

⑥奖励自己

奖励可以提高你的积极性。考虑一下自己确实想要的东西，承诺一旦自己实现了艰难的目标就以此来奖励自己。

⑦假想一下最终达成目标后的结果及你所得到的荣耀和回报，没准儿你做梦都会笑出声来呢！人生需要一座充满希望和梦想的灯塔。把看不见的梦想化为看得见的现实，你就得走出行动的第一步——确立你的目标。当你全心全意的完成这些工作后，一个能令你心动的伟大未来的蓝图便会毫不吝啬地将倩影展现在你的眼前，只要你能坚持下去，人生就会按照这个美梦一步步地精彩展开了。

7. 坚定的信念能够支撑你步入胜利的殿堂

在生活中，许多人曾经就站在成功的面前，然而成功女神却没有将青翠的橄榄枝交给他们。这不是由于女神的过分挑剔，而是因为面对各种各样的压力的重重考验，没有几个人能够始终坚守自己的信念，在努力了一阵子后发觉没什么利益，遗憾地转身离开了。其实，这些人不知道，只要再坚持那么一点点，就能获得巨大的成功，可是一切等觉察到的时候已经晚了，机会从来都不会回头再光顾不珍惜它们的人。所以，如果你想有成功的将来，并且拥有愿意为之付出所有的梦想的话，请坚持住，风雨虽大，但很快就会过去，此时没有被风雨吓跑依旧在等待彩虹的人马上就要看到那奇异的光彩了。

毫无疑问，在追求梦想而前进的道路上总会遇到困难，如何面对困难，如何解决压力是个仁者见仁、智者见智的问题。

少数人把困难看做一次机遇和挑战，他们往往在困难面前毫不犹豫地采取主动，这些人通常是成功者；而多数人只是被动地逃避困难，即使是一个小小的问题也足以沉重的摧毁他的意志，从而使人生过的既渺小又可悲。面对困难，你很容易陷入一种"无力感陷阱"。如果顶得住压力，守得住信念的话，你是很有可能一跃而出，逃离陷阱的。

德国伟大的作家歌德曾说过："能从绝望的处境中逃脱的人，必能学会坚强的意志，所以不要只是一味地烦恼，应立即采取行动，使自己从绝望中逃出来，你要相信新的一天会将你带到新的地方去。"

你觉得"信念"是一种摸不到、不实在的东西吗？你觉得它无法达到我们一再向你保证的那些目的吗？现在就给你一个活生生的例子，让你了解：在百万分之一的求生几率之下，如何靠着强烈的信念的力量解救一个人的生命。

1946年9月，有一位名叫威廉的水兵，被大浪冲下甲板。他身上并没有穿着救生衣。当时是凌晨4点，他置身茫茫大海，远离海岸。没有人知道他上了甲板，当他落水的那一刻，他知道自己获救的机会几乎是零。可是，年轻的威廉并未惊慌失措，他把身上的粗棉布衣脱下，同时在裤脚打结，让里头充满空气，把它当做临时的救生圈。

根据他事后的追述，当时他力图镇定。他以一个下士的训练经验告诉自己："不要担心未来。"他想，8点集合的时候，他们就会发现他不在船上，然后会派出救生艇出来搜救他，因为他们这条战舰的航行路线，跟一般商船的路线是大不相同的。

他异常地镇定，偶尔还试着把头靠在充气的棉布衣上休息。可是，波浪却不停地拍打着他，让他无法入睡。他抑制住心中的恐惧，依赖他的信心，不断地暗自祈祷："主，请救救我吧！主，请救救我吧！"

可是，隔天早上，依然没有船只的影子，他开始有些消沉。由于受到海浪拍打，并喝了不少海水，他的身体变得相当虚弱。可是，他不曾失去信心，仍然不停地祈祷："主啊，请你救救我吧！"

那天下午3点，也就是在他落水后的11个小时，他被一艘叫"执行者"的美国货轮上的水手发现，而他们都觉得相当吃惊。

可是，更令他们难以理解的是，船长说不出他为什么要把船从平日

的航线，更改为跟威廉所搭的战舰交叉的航线。要是他们不这么做的话，船根本无法经过几百里的大洋来到等候救援的威廉身边。

当威廉被救上来时，精神还算不错。他独自走上"执行者"的绳梯，而船上的水手都为他欢呼。

读过这篇报道后，你是否还会对"对那些满怀信心的人来说，没有不可能的事"这句话，有所怀疑呢？

到底是什么力量促使那位船长改变航线，将船航行到大洋中，把一个坚信自己信念的人救起来呢？

心灵和精神影响所及的范围是没有极限的。你有多大的信心呢？在读过这个故事后，该会更坚定吧。你也许没有机会在这种急迫的环境里，去测试自己的信心，因此，对于日常生活中的琐事，你可以很轻易地去完成。

要是你坚守信念的话，在某些年后，你将会有所成就的。

而这种信心应该是明确的，期望性的，毅然的，真诚的，要不然它便产生不出"特别的力量"，对你也就无所作用。

万一身处险境，千万不要期待能在某一时间内得到回应，因为上天是不会在这段时间内觉察到的。限定时间将使你紧张，对自己能否及时得到援助也会感到怀疑。

你所要做的，只是确信救援会及时来到。威廉就是以如此的心态，将让上天所给予的本能挣脱束缚，进而对他提供援助和指引，去面对危难。

在他满怀信心，口中复诵"主啊，请你救救我吧！"时，威廉对自己没有丝毫怀疑。他一直深信自己将会被解救，而事实也果真如此。

永远地摒除心中的疑难，因为"只要坚信，梦想便会成真"。

①你得有勇气藐视困难。如果你的信念在困难面前略有低头的话，没准它会以迅雷不及掩耳之势瓦解掉你所有的勇气和信念。当你遇到为难事时要这样问自己：

困难真的是"永远存在"的吗？你可以先不要给自己一个结论，朝它可能是暂时性的方面想想后果看。

也许你很幸运地在仔细考虑之后，发现那些困难的确只是一个暂时现象，但如果你始终无法找到有力的证据，那么索性不要找现实中的证据了，用你的想象力反复告诉自己"这一切总会过去"，多重复几次你一定会从困难的陷阱中爬出来。

②对所有出现的问题都不要轻易地夸大其结果。有时候过于详实的考虑是会让人非常痛苦的。你把事情圈定在问题的圈子里就会觉得根本没有成功的可能，于是就开始退缩了。

其实是问题"无所不在"，还是你把问题一直搁在心里？不要轻易成为问题的牺牲品。

换个角度，不要再去想那个"无所不在"的困难，而多花些心思用在解决问题上，也许那个"无所不在"的问题是个很容易解决的问题。

即使无法解决这个"无所不在"的问题，也不用每时每刻都把它挂在心上，因为这个问题最多只能影响你的一部分，如果它毁掉了你的全部生活，也是你那个"无所不在"的想法助长了它的破坏力。

"无所不在"的问题对你的整个生命来说，只是个小问题，试着去解决，解决不了就把它丢掉。

③对工作过程中出现的问题不要过分自责，这样做会严重挫伤你的积极性，打击你的信心。

如果你在做事过程中出了问题，也许就会大声叫道："见鬼，我又出错了，啊上帝！一切都没错，只有我是错误的！"

其实，把所有问题全部往身上揽并不是一种美德，这种习惯的养成最初可能只是一次小小的错误由你而发生，于是让你产生这种"一切都因为我才……"的怀疑，然后你自己把这种怀疑变成一种反面的信念。于是你真的变成了一个失败者。

当第一个问题出现时，千万不要让自己有机会产生这种"问题在我"的怀疑。对待各种各样的情形所带来的压力，你必须时刻保持清醒。也许那是因为你的失误才出错的，但是不要因此把自己当成"千古罪人"而放弃一切的努力，终日生活在自责的痛苦之中。如果你有朝一日坐上成功的宝座，不管是什么情况，请务必把握好自己的心态，让自己始终生活在坚定的信念之中。相信，只要你还有梦想，总有一天，它会不辜负你的心血和汗水，把你推向你所向往的地方！

第二章

别让压力毁了身体的健康

你不懂得及时为自己释放包围在四周的重重压力，疾病就在所难免地会向你袭来。营养学家韦恩·皮克林说："太多人为了追求财富耗尽健康，之后又为了恢复健康而耗尽财富。"拥有完美人生最好的方法是不要为了追求任何事情而让压力毁了你的健康，因为只有那样你才有机会实现你的人生目标。

1. 生命中无法承受之"重"

想象一下，当深夜你独自一个人在家时，突然听到漆黑一片的屋外有异常的响动，你会有什么反应？当然首先被吓了一跳，然后推测是否有强盗会破门而入。在此情此景下，你的身体会立即进入高度警惕状态：心跳加速、肌肉紧张、僵硬、口舌发干、呼吸急促。但是，过一小会儿，你发现门外是你的邻居或是其他小动物弄出的响声时，你的身体会立刻从高度警戒的状态中松懈下来，反应也会恢复到正常。这就是说，人们对于潜在危机所带来的压力是会通过身体表现出来的，并且随着感受的变化而对身体造成一定的影响。

从我们上学开始，一波又一波高强度的压力便无时无刻不在疯狂地袭击着我们的身体，就算在当时还不太明确"压力"这个概念，但也确确实实实体会到在心灵上的这种沉甸甸的感觉，并且不明白，为什么身体好像总是那么不舒服呢？不是心烦意乱失眠，就是呼吸不畅，莫名地感到害怕。其实，这一切的罪魁祸首，就是超出你能承受的范围之内的压力。

当你处于长期的压力之下，你就会注意到身体似乎出现一系列的变化和征兆。比如，食欲不振、肌肉酸痛、容易疲劳、耳鸣心慌、呼吸困难、心跳过快等。严重一些的可能会引起高血压、消化不良、皮疹、尿频、腹泻、免疫力下降等一系列病变。这些究竟是怎么一回事呢？"压力"怎么能拥有如此"强大"的力量呢？

首先，让我们先从科学的角度分析一下。科学家研究分析，处于长期的压力之下，身体会持续产生大量的压力化学成分，特别是皮腺酮这种损害免疫系统的罪魁祸首。对遭受高度压力人群的测验表明，NK（自然杀菌细胞）的活动明显减少，而这些在血液中循环的自然杀菌细胞可以攻击外来的有害病菌和消灭一切突变体或癌细胞。

由此可见，承受压力过多和时间过长都可能使身体无法恢复到正常的生理平衡状态，更何况处在高压下的人群多有意无意、有条件无条件地认为自己没有时间通过"锻炼"这一有效强健体魄的方式来维持正常的身体运行。因此，精神不振和疾病缠身变成了压力魔爪下的摧残人体的两件有力法宝。同时，在生活中承受诸如丧失亲人、婚姻破裂、精神抑郁之危机的人群的免疫系统也遭到了很大的损害。

既然早已明白压力会给自己带来无穷的殃祸，为什么不早点醒悟，对它所带来的危害兆头严加防范呢？如果提前给脑子里绷个弦、提个醒儿，也许压力就不会太过容易地乘虚而入，危害到你的身体健康而给你生命压上难以承受的重负了。

我们经常听到人们夸奖老年人气色好，而很少听到有人对青年人、中年人这么说的。市场上卖出的补品也从老年人市场转向青、中年人市场，甚至还瞄准了可怜的初生婴儿。其实，这很容易理解，谁不希望自己的身体健健康康的呢？老年人希望自己长命百岁，多寿多福；青年人希望在自己如日中天的时候不要"中道崩殂"；妈妈们则希望孩子从一出生便"享受"到科学的产物，似乎服用了某某东西就能变成爱因斯坦或是达·芬奇。实际上，一个人只有首先心理健康了，才有身体健康的可能。体壮如牛的人如果不为养家糊口而劳作，不为出人头地而发奋学习，不为实现自己一个个人生目标和梦想而努力，那么他一定是精神上出了问题。因为就连日夜诵经讲求四大皆空的出家人，也有一个要往来极乐世界的人生追求！

说到这里，话题似乎演变成了"追求与健康"。可"追求"是什么，是一种人类固有的心态，是原始的、狂野的。人的一切一切的努力都是为了有所追，有所求，并在此过程中产生了沉重的压力。如果自己的理想实现不了或根本就遥不可及时，许多辛苦奋斗的人就会由失落转为失望转为绝望，最后在茫然中吞下"接引者"（引魂人）在阴阳界中递过来的"离魂丹"而告别阳世,他们留给人们的只是一个"懦夫"的可笑称呼。

还记得某年的4月1日,无数人心目中的"完美情人"选择了将自己摔成肉饼,三分香魄,七缕芳魂飘飘荡荡地归了离恨天。人们闻言,不由惊奇,笑道:"今天是愚人节啊,当俺是二子啊!"可事实就是事实,不管是愚人节还是蠢人节都挽回不了了。张国荣终于以自己喜爱的自由的方式——飞翔,飘向人生最后的温床。也许当他着地的那一瞬间,他的心是温暖的,是幸福的,终于自由了,终于离开了无休无止的虚幻人生和流言蜚语,终于可以像儿时一样呼吸大地的芳香了……

由此可见,压力不仅能毁掉健康,更会将一个人逼上绝路!压力所带来的心理灾难足以摧毁一个人的意志,被它所击中的可怜的同胞只能在痛苦中挣扎、挣脱,实在不行就一抹脖子,或许这是最好的解脱了吧。

其实,压力所给我们加上的重量,不过是生命中的一小部分,与其背负着它上路,倒不如将它卸下来歇歇脚,或者干脆抛掉一部分,给自己点时间来瞅瞅身边的美景,看看身边花丛中飞舞的蝴蝶。你会发现,世界也如花儿一样,开得无比绚烂。

2. 饮食规律是你人生第一种幸福

科学的饮食是助你走向成功之路和幸福人生的最重要财富,这样说并不过分,因为失去了它,你就失去了健康的未来。

然而,在现实生活中,繁重的工作,生活的压力却囚禁了我们享受科学饮食的自由。许多年轻人认为自己简直太健康了!他们每天都全身心地投入到工作中去,废寝忘食,看上去永远都那么朝气蓬勃。他们不习惯吃早餐,因为"没有时间";不习惯坐下来安安静静地吃掉盘中的三菜一汤，因为"不够时尚"；他们几乎从没有在下午六点享受过自己的晚餐，因为"需要加班"；他们几乎在每个周末都从未碰过家中的筷子，因为"有约会"。在年轻人心目中，饮食规律不能直接创造价值，带来利益，所以说并不重要，理所当然的应该为了他们的追求退居二线，真正的关键所在是，他们必须在激烈的职场中角逐和人际关系方面出人头地，取得成功，似乎这样才可以称得上比较理想的人生。所以，他们放弃了运动，放弃了休息，放弃了睡眠等等来让自己看上去像一台永远不缺油的发动机，而且，他们说，我们是健康的。

健康是什么？从普通的意义上来讲，所谓健康，就是指远离疾病的侵扰。其实健康的含义远不止这些。

健康所涵盖的内容，要比单纯的"不生病"广得多。一个人能从身体上感受到舒适，能从身体力行中获得幸福，能积蓄身体的力量并加以扩大，这个人才是健康的。但是在这样那样的压力之下，越来越多的人的健康被抛弃了，最典型的是饮食的不规律给身体带来的痛苦。

你是否有过这样的情形，"当你感到有压力时，面对眼前的食物，要么一口都吃不下，要么暴吃一顿，好像永不满足似的。长期如此，你会因此产生了负罪感和恐惧感，因为你会变得很胖或者胃痛！"

事实证明，人们在承受压力时，他们本有的饮食问题会更加明显地暴露出来，并由此而导致灾难性的后果：厌食或肥胖。于是，同肥肉抗争的运动即将上演，饮食规律又被一个新的敌人盯上了。

在社会上，越来越多的人被各种信息传播方式宣传中的完美身材的男女模特所吸引，并且也毫不犹豫地对自己的身体大大不满，并梦寐以求天使的面孔和魔鬼的身材。于是，一场减肥大战在全世界范围内不动声色地彻底爆发了，无数年轻人义无反顾且一掷千金地投入其中。

节食，自古以来是人们所公认的减肥良方，无论男女，如果梦想变得苗条动人，首先就要从自己的口中把想吃进去的食物"拿"出来。据统计，在我们这样的人口大国，这几年有三到四分之一的女性曾经节

食减肥，而且瘦人减肥已成了人们都见惯不怪的"奇观"，似乎愈瘦愈快乐。她们曾采取过延长禁食期，自抠性呕吐，抑制自己的食欲和腹泻等方法。然而，尽管在节食上耗费了大量精力和时间、金钱（用来购买抑制食欲的减肥药品），却很少有人节食成功。据研究表明，节食使人处于不吃东西与一接触食物就暴饮暴食的相互矛盾的心理压力下，这类人情绪容易波动，一旦放松对食物的警惕就会有一种补偿心理从而吃个没完没了，丝毫不顾及自己的身体能否承受这突如其来的变化。

其实，何苦呢！节食或无规律的饮食所带来的身体上的虚弱只会让你在竞争中日益处于下风！你不仅在精神上有种饿肚子的恐惧感觉而且身体更是没有足够的营养来维持工作和学习，长此以往，只能形成恶性循环，最后除了健康你还会发现失去很多很多。

以《昔日重现》这首温情脉脉的歌曲闻名于世的卡朋特兄妹，给人的感觉始终是淡定又从容的。可是，在他们的事业正如日中天时，妹妹却因厌食症被活活饿死，结束了年轻又宝贵的生命。在我们身边，尤其是在大学生中，有相当一部分人试图节食，因强迫性厌食症使身体虚弱到无法救治的地步的少女大有人在。听到这里，你似乎可以松一口气了：幸亏我还没得上！可是，不要忘了，节食只是前奏，真正的交响曲开始的时候向你打开的就只有天堂之门了。这不是危言耸听，也不是只针对女性，每一个人，每一个年龄段的男女都应当谨记，千万不要用无规律的饮食来控制体重，那是对身体最基本最严重的伤害！实验证明，只要你合理的安排进食计划，你的体重就会维持在足以让你开展生命活动的水平上。

现在，让我们看一看应该如何重建良好的生活习惯。

（1）制定饮食计划。制定一份明智的饮食计划，并坚持按计划实行。一日三餐以及两到三次的少量点心。每次进食之间的时限不要超过3～4个小时。

（2）把一天的饮食情况写进你的日记中去。如果你知道自己是一个饮食无规律者,如肥胖症或者是厌食症,把自己一天中进食时间、地点与内容记录到日记中。每一天写一页,即使是事情朝坏的方面发展也不要放弃自己的这种习惯。回过头来重新审视这些记录时,你就可以利用它来确认哪个时段是自己最脆弱的时候,什么时候必须重新做一下安排了。

(3) 停止暴食。学会辨识可能导致自己暴食的环境,并想出应对之策,这样一来你就可以预防暴食。同时,试着把自己的感受告诉你的朋友。在大家一起用餐时一定要注意这个问题。

(4) 停止节食。学习更多的关于健康饮食,特别是关于增加更多纤维和减少多余脂肪好处的相关知识。不要限制自己食物的种类,通过努力逐渐地把那些被你舍弃的食物重新纳入到你的食谱中,以拓宽你的食物范围。建立一套健康而有序的饮食规律——使之成为一种生活规律,而不是节食。

(5) 列出使人分散注意力的活动。这些应当是很容易进行的、令人很舒服的活动,可以使你的注意力从吃东西上分散出去,如骑自行车、养花种草、散步或者是运动。

(6) 挑战不理性的思想,搞清身材和事业的关系。你是否认为只有拥有适当的体重和良好身材的人才有价值?你是否曾经把自己看成是一位成功者,尔后又把自己视为失败者?当心,它会控制你的饮食习惯,反复胃口的结果就是让你的身体疲惫不堪。但你的职业是模特的话又将另当别论。

(7) 要知道在减肥过程中反复是正常现象。不要让偶然的失控使自己变得意志消沉,这是进步的一部分。

除了习惯,我们还应该知道什么食物是身体最最喜欢的?

有利于集中注意力:鳄梨、芦笋、胡萝卜、葡萄柚。

强化肌肉及大脑的机能:鲱鱼。

增强记忆力:牛奶、坚果、大米。

提高情绪：橙汁、青椒、黄豆、香蕉。

消除紧张：炼奶酪、杏仁、啤酒酵母。

增加舒适感：菜豆、豌豆、豆腐。

改善睡眠：面包、面条。

提高社交能力：螯虾、麦芽。

增强免疫力：蒜。

提高性欲：牡蛎、羊肚菌、兵豆。

预防心肌梗塞、癌症，改善情绪：晚上请自己喝一杯红酒吧！

不管做什么事，都要记得，身体是最重要的资本，没有健康的身体就无法做任何事情，甚至无法感受生存的价值。所以，一定要用心保养，不要在身材不好的问题上给自己施加太大的压力，以致因此导致不合理的饮食习惯摧毁了自己的健康长城。

3. 别让"爱美丽"给你的生活压上重担

爱美无错，错的是偏偏把它当成生活中的重要问题，并为此让自己心烦意乱。

谈完了饮食，下一个是存在人们心中的关于美丽的问题。现在，去各大美容院或医院要求整个"某某明星的下巴"，"某某美男的脸型"之类的青年男女逐渐增多，他们的目的再简单不过，只是想找份更令人满意的工作或是自己的另一半。

走在大街上，注意一下身边的广告牌和那上面一张张标致诱人的脸，不禁地怀疑到，这是从哪里冒出来的这么多美人？难道是自己果真丑得上不了台面，拿不出手，对不起别人的眼球？大家都越"变"越"美"，所以普通人已经坚持不住了看着面相动人的同龄者陆陆续续的找到了高薪的工作、理想的伴侣，甚至饭店的服务生对他们的态度也比对自己尊敬有加时，你就会被强迫着不得不思考这样一个实际问题：或许美丽真的是通往成功的一条捷径。

尽管报纸上铺天盖地的都是哪家美容院毁掉了多少人的鼻子、嘴，哪家大医院射入的物质出现不良反应使病人生命垂危，大家仍前赴后继地投身到美容大军中去。毕竟个案只是个案，自己没有那么倒霉就是了。

韩国的美女多得让人眼花，这些从中学就开始整容而且注定此生不离不弃地与之生死相随的人为全世界爱美人士树立了"榜样"，也对他们高声呐喊助威："看我的，照着做，没错的！"所以，人们就成了扑火的飞蛾，即使手术成功了，当时没事，过了几十年后你也会后悔，早知道当初它的危害这么大，还是保持原样好了！

何苦把容貌当成一种压力而心甘情愿的自己动手毁了自己呢？有一位友人，年轻时脸上长了几颗类似黑痣的东西，并因此时常受到同事的取笑。他在这样的压力中自卑地度过了自己宝贵的青春岁月。后来，他决定"改头换面，重新做人"，于是，就找了个医院把"黑痣"给"点"去了。此后，他的人生似乎重新开始了，娶妻生子，过着辛苦却又富足、幸福的日子。哪知天有不测风云，在他五十岁那一天，他突然感到身体剧烈不适，等做完检查后医生问他：

"你以前有没有做过类似整容之类的手术？"

"有啊，那是在二三十年前……"

听过友人的陈述后医生沉默了一会儿终于开口了，说："你脸上的印迹是除去了，可是它们没有消失，而是跑到你的血液中，现在，已经没有任何药物能控制得了你血中的那些扩散的黑色素了。我们惟一能做的，就是尽量减少你的痛苦。"

友人听后眼前顿时出现了无尽的黑暗。

我去探望他，他苦笑着对我说，人啊，身体最重要，要那么美干什么，我们都是普通人，有普通人的样子就行了嘛，又不是非要当什么明星，在乎别人怎么看你，太放在心上就坏了。看看我，大儿子刚娶上媳妇，二儿子也找到了工作，刚想停下来喘口闲气儿了，可这口气儿却喘不了了……

　　回来后我体味着友人的那几句话，是啊，我们都是普通人，有着普通人的样子就好了，别人看你相貌如何是他们的事，你又何必在意，何必有压力，何必为此而多此一举地去动刀动剪非要弄的让别人看起来好看呢！为什么要忍受痛苦让他们大饱眼福！也许貌美的人在社会上是占有那么一点优势，可是如果他们发觉自己的美丽是以牺牲健康为代价，是要以几十年生命为代价的时候就悔之晚矣。人生一世，只有健康，只有活出真我，活出幸福的滋味才可以称得上是不枉此生。

　　没见过那么丑又那么开心的女人，每天黄昏经过小桥，总遇见那破脚踏车，总见那体重起码二百磅的女人坐在车子上。那男人（想必是她丈夫）龇牙咧嘴地推着车子，黄褐色的头发湿淋淋地贴在尖尖的头颅上，打着赤膊，夕阳下的皮肤红得发亮，半长不短的裤子松垮垮地吊在屁股上。每次遇到有坡度的路时，男人一使劲儿裤子就掉下来，露出半个屁股。别人都累死了，那胖女人可坐得心安理得，常常还悠哉游哉地吃着雪糕呢！脸上尽是笑，女人笑起来眼睛更小、鼻更塌、嘴巴更大。她的脸有时可能搽了粉，黑不黑，白不白，有点灰有点青，粗硬的曲发老让风吹得在头顶缠成一团，而后面那瘦男人就看得那么开心，天天带着老婆去看夕阳，去画画，车上的肥老婆天天坐在那儿又吃又喝。有一次不知怎地，脚踏车不听话地直往桥角下一棵大树冲去，男人直着脖子拼命拿脚在地上"刹车"，裤子都快全掉下来了，脚踏车还是往大树一头撞去，女人手中的碎冰草莓撒了她一头一脸。我起先咬着唇忍着不敢笑，谁知那男人一松手丢了车子，望着坐在地上的老婆大笑不止，女人一边抹去脸上的草莓，一边咒骂，一边跟着笑，然后二人手拉着手拾起画夹和车子到他们常去的河边看夕阳。

　　唉，管它什么男的讲风度，女的讲美貌，什么社会竞争，人生的理想，生活的目标，什么经济不景气，这两个人，每天快快乐乐地作画，换钱，每天快快乐乐地拾树上掉下的果子，钓鱼，然后跟着星星回家。

丑成那样，穷成那样，又有什么关系呢？

人们常说，智慧加上美貌，尤如甜水里加上蜜糖。可是就算没有美貌，在这个赢得竞争才能生存的社会里，你依然是那杯人们都想得到的甜水。美貌与否，只是一种可有可无的附加品，基本上不会影响到你的"质量"。

还需要印证这些话吗？你把眼光放在当今世界的重要政客；财富的主要拥有者；华尔街的大亨，他们中有几个长的美貌如仙呢？如果人们只喜欢和赞叹美貌者，永远年轻的吸血鬼倒可以成为人类的偶像了。

例子不用再举，如果你觉得我的话空洞，倒可以看看你曾经和现在的老板、上司，之所以你会觉得他们美，值得尊敬，首先是因为你折服在他们的聪明才智之下吧！

所以，不要再和自己的"面子"过不去了，没人会给你在这方面加压，除非是你自己。生活摆在我们面前，是甜是苦，关键是看我们以怎样的心态去品尝。丑一点的相貌没有什么过错，有错的是你以丑陋的眼光去看待社会，以为它只是一个浮华艳丽的世俗之地而忽略了它的真实。即使我们长相平庸，身无分文，只要我们认真地对待生活，就没有什么可以成为通向幸福之路的绊脚石。别再让容貌成为你心中的石头了，让它成为毁掉你健康的一大凶手实在不值得。

4. 对酒精大声说"不"

酒精虽然麻醉了你，却麻醉不了生活，世界还是按照它的方式在进步，只是被酒损害了的健康却一去不返了。

尽管这个世界上的人肤色、种族、风俗习惯、文化、宗教什么都可以不同，但有两点却惊人地相似：一是不管是在什么地方，人们都离不开酒，二是酒的作用都是用来麻痹神经的。

中国的酒文化可以说是渊远流长。自夏朝伊始，我国中原人民就已经懂得用剩余的粮食酿酒，到三国时期就有了知名品牌，就是广告上一个威武戎装扮成曹操的演员举着一个酒爵意犹未尽地高呼："何以解忧，唯有杜康！"从此"杜康"酒就成了两千多年来的绝对货真价实的"文化酒"。紧接着，刘伶又抓紧时间打响了第二个品牌"刘伶醉"。等到李白谪仙人的时候，中原人士都在称赞"葡萄美酒夜光杯了"。西域的情况跟咱差不多。不过他们少有白酒、黄酒，而是用瓜果来酿造，一样的香气扑鼻，一样的醉人心脾。好了，现在先不讨论历史了，毕竟和咱们要研究的话题相距甚远。

那么，首先应该问问你了，你为什么要饮酒呢？

认真琢磨一下你饮酒的目的，把这些个理由加到下列的原因之中：

因为我很烦，所以我饮酒，一醉解千愁；

当感到紧张的时候饮酒有助于我的情绪的放松，所以我饮酒；

为壮胆而饮酒；

因为我感到有压力，我才饮酒；

我必须在社交场合中饮酒。

其实，从人性化的角度来讲，饮酒本身并不成为问题，适度小酌可以促进血液循环，但过量的豪饮可就会对你的身体造成难以估量的损害了。它会很容易使你产生对酒精的过分依赖，从而产生危险性。

总结你饮酒的原因，只用一句话就可以概括，那就是：你感觉到处于无法挣脱的压力中或是刚刚从一个压力下解放出来而认为是件值得庆幸的事。

当一个人面临巨大的来自于四面八方的压力或挫折时，他第一个念头就是想借酒消愁。这是不可取的做法，因为酒精虽然会使你在短期内缓解痛苦，但从长远来看，一旦你为了"消愁"而狂饮形成了习惯，那你就会沉溺在酒精这种慢性毒品中不能自拔，只能听之任之的任由你的身体需要的酒精浓度越来越大，终有一天会到了不依赖酒精就镇定不下来或难以入睡的可怕境地。

是的，酒精是能令人感到很放松，很快乐的，甚至会产生一种让你飘飘欲仙的作用，暂时忘掉人生的烦恼。可是，当你清醒过来时，你会发现心底有一种彻底又恐怖的空虚。

必须承认的是，现代社会饮酒有助于人际关系的沟通，"酒桌上出感情"、"感情深，一口闷，感情浅，舔一舔"等常见的俗语让人们不得不在接待客人或朋友的聚会上敞开了肚皮喝，好像喝得越多，醉的越烂，你们间交情也就越好似的。其实不然，没有人天生就是酒壶，也没有人天生爱饮酒，谁不知道，酒精对肝脏，对心脏和其他部位都能产生致命的影响呢？谁不知道酒精是会让你的思维产生混乱、协调能力下降、灵活性丧失的危险物品呢？它们不仅缩短人们的寿命更会收取人们的生命，酒后驾车导致事故的发生率有多高，你看一看每天的报纸心中就有数了。另外，酒精过量还会破坏家庭的和谐与完整，无休止的争吵甚至是家破人亡都会给你和你的家人带来沉重的压力。

张先生四十有七，从农村走出来的他经过半辈子的辛苦打拼，终于从一名普通公务员升任到了某市的重要局级干部，他的妻子温柔而贤惠，膝下两个女儿也活泼可爱，其中的大女儿已如愿考入了艺术院校。然而，正当他心中满是高兴、幸福、满足的时候；正当他那位当小学教师的妻子勤苦的满是皱纹的面容刚刚舒展的时候；正是他大女儿欢天喜地地走进校园憧憬美丽人生的时候，张先生在一次与朋友们的聚会中多喝了两杯，当晚回到家中便心脏病复发，连抢救都没来得及就与世长辞了。

这一下在母女的心中是天塌了下来，她们心中的痛苦和今后生活的重担，和所有遭受过失去亲人打击的人们心中最深切的伤痛一样的。

上述的例子只是比较和缓的一个，在我们身边，为应付场面而牺牲在酒桌上的人难道还算少吗？为什么不拒绝饮酒呢？为什么非要以饮酒作为缓解你生活、职场上压力的方法呢？酒精这个东西，只会对你的身体造成巨大的损害，只会给你和家人带来无尽的痛苦！

如果现在你已经意识到了它的危害性，在这里先恭喜你了，亡羊补牢，犹未晚也。现在，你想控制饮酒的话就照下面的去做吧！

（1）制定饮酒的规定。写出饮酒的最基本规定，尔后坚持照章办事。例如：

不要一个人独自在家饮酒；

只限于用餐时间饮酒；

克服想饮酒的想法。

（2）记录饮酒的次数。记下一周内自己打算饮用的酒量，以及实际的饮用量。如果你感觉想喝上一杯，就把这种状况定为"紧急"，打10分。在这种定级中，1分表示想饮酒的欲望最低，而10分最高。

（3）在脆弱的时候给自己一种信心。利用自己的日记来确认"高风险"状况并从一开始就避开它们。对自己的饮酒习惯要有更多的认识。当你感觉好一些时，再回到高风险处境，并坚持不再饮酒，从而获得自信。

（4）减缓速度与削减数量。

以啜饮替代海饮；

啜饮后，把杯子藏起来；

晚上可慢慢饮，喝上个把小时，或改喝低度酒以及不含酒精的饮料；

如果觉得渴了，先来一杯不含酒精的饮料，不过最好是白开水；

尽量放弃购买烈酒的想法或将烈酒稀释后饮用；

在酒吧，减少购买酒的数量；

在家中，储存不含酒精的饮料或者是低度酒；

切勿大量储存酒类。

（5）学会说"不"。不要让他人强迫你饮酒，避开所有能推掉的饭局。

（6）改善自己的放松技巧。以一些新的活动来占据自己的时间，特别是那些锻炼和放松活动，在充满阳光的日子里到街上走走，只是不要直冲酒吧而去。

（7）抗拒酒精的诱惑。分散你自己的注意力，打电话给朋友、出去散步或者是洗个澡。

（8）挑战自己的思想。对自己说："我不需要饮酒、我很坚强、我能做些改变。"

（9）预料到戒酒的反复性。一次故态复萌并不表示你失败了，要从失败中汲取经验。

要记住，酒精是一种会让人上瘾的东西，若想你的身体能够轻松愉快，最好首先远离大量酒精的骚扰。把酒精踢出你的健康日记中吧！

5. 你的身体不喜欢"给我一支烟"

烟草原产于美洲，18世纪传入中国并以难以想象的速度传播开来，一发而不可收。在今天，香烟已经成为某种颓废文化的象征，并且，在以巨大的破坏力摧毁热衷于它们的人类的身体。

相对于酒精给人迅速的麻醉，吸烟是算得上比较"温和"的有效"缓解"压力的方式了。经常在电视里看到这样的镜头：一个受到惊吓的男人或女人来到一个他们认为相对比较安全的人身边或一个屋子里，就会接过旁人递过来的一支香烟，然后哆哆嗦嗦的全身就会如同大赦一般随着那一口烟雾的吐出而平静下来；或者是，一个相当冷酷的人在大敌临近时笃定的脸被笼罩在烟雾之中，还有，妖媚的女人夹着一支香烟时显得更加性感撩人……也许你真的被这些场景迷惑住了，要么是深信烟草会带给你冷静、镇定，要么就只是纯粹在装酷。可是，当你吸烟成瘾，而把身体完全暴露在烟草所带给你无穷无尽的身体压力任它宰割时，你可真就成了"玩火自焚"了。尽管你最初的目的只是为了缓解一些从天而降的压力，但最终的结果只能是：你为缓解压力而吸烟，但是，吸烟对你身体造成的莫大的危害，给你又加上了身体的重负。由此下去最终演变成了恶性循环。

美国最近发表的一份调查报告表明，男性终身吸烟者的寿命将减少17.9年。该报告是对1972~1974年期间在美国宾州艾利亚县的3914名男性成人和4394名男性死者的家属做调查后，进行分析和比较得出的结论。

这项调查的一个特点是，首次对从未吸过烟的人与从未戒烟的人之间进行了直接比较。该项调查还表明，一个人吸烟量的大小亦与寿命的年限有关，一般为5~12年的差异。美国专家认为，吸烟与某些疾病的关系十分密切。据估计，美国每年由于吸烟致死者大约为40万人。此份调查报告在美国公众中引起了广泛的重视。

调查表明，越是年长的吸烟者死亡率越高。在被调查的50~54岁年龄组的人中，38%的人为终身吸烟者（即从青少年时便吸烟），31%的人从未吸过烟，20%的人为中途戒烟者，其余则为吸烟斗和雪茄者。而在被调查的85岁年龄组的人中，只有5.3%为终身吸烟者，37%为从未吸烟者，还有大约48%是中途戒烟者。

烟草中的尼古丁对人的神经确实有镇静作用，这是毋庸置疑的。点上一支烟，把它拿在手里这种举动看上去可能是一种很自信的方式。然而，这些对似乎能给人带来如此欢快的尼古丁却是一种令人无法抗拒的、能使人上瘾的毒品。首先，它会对心脏和循环系统造成长期损害。焦油吸附在气管上，进入肺部，引起呼吸系统方面的疾病。吸烟时产生的一氧化碳也是一种有毒气体。

长期过度的吸烟可能引起中风、心脏病、支气管炎、癌症以及其他许多致命的疾病。其次，吸你的"二手烟"的亲人或是朋友们也会被尼古丁所释放出来的"毒气"袭击，从而也无比严重地损害了他们的健康。

也许你是个铁杆烟迷，吸了几十年的香烟到现在为止身体还算不错。可是你知不知道，由吸烟而引起的肺癌是多么可怕，大约60%~70%的病人在发现肺癌时是已经丧失了最佳手术时间的，许多人都会被误诊为肺炎与支气管炎，直到病人反复发烧、感冒、呼吸道感染后去就诊时才被发现。到这个时候，再想千方百计地挽回自己的生命显然已经来不及了，最后只剩下自身的无比痛苦和对亲人造成的巨大伤害了。

在一位医生的记忆中一位肺癌病人临死前求救的眼光、求生的渴望给了他刻骨铭心的记忆。这是一位干部，24岁开始吸烟，已有37年烟龄，越吸越多，一天两包。你说吸烟害人害己，他说吸烟利国利民；你说吸烟导致癌症、肺气肿、冠心病三大害处，他说吸烟有健脑、安神、有利人际交往、夏天防蚊、省装防盗门五大好处。爱人与他讲理，劝说、吵架、打架都一概无效。他最后说：香烟就是我的命，我宁可戒饭也决不戒烟。看来真是没办法了。

但奇迹出现了，37年烟龄，他1分钟就把37年的烟瘾给戒了。什么原因呢？一张CT片显示晚期肺癌转移了。眼前多美好的世界，但流水落花春去也！在以后三个月的日子里，他惋惜、后悔、痛苦、自责、恐惧，但一切都无用了，死神一天天走近，噩梦一天天增多。有一天他用很真诚的眼光，很虔诚的口气对我说："大夫，求求你，救救我吧，救救我吧！我还想活，我不想死。昨天夜里，我梦见一个很可怕的魔鬼，两眼凶光像刀子一样，伸出尖爪直掏我的心脏，我吓醒后一身冷汗，你救救我吧！"手术、化疗都没能救回他，我的心也像刀扎似的一样剧痛。我想，任何人只要看一看他的眼睛，接触一下他临走前求救的眼神，任何一个人，只要是有理性，爱自己、爱家人的人，就再也不会吸烟了。

看到这里，你是否已经感到深深的危机而迫不及待想要戒掉吸烟这个坏习惯呢？虽然戒烟是很困难的一件事情，需要极大的毅力与耐心，但想想香烟这个杀人于无形的冷酷型杀手，你必须得有坚强的意志去战胜它。当然，也缺少不了家人的帮助与支持。如果你真的想要戒烟，就选择生活中一段比较轻松的日子来实现你的目标吧。

关于戒烟首先要具备的几个想法：

（1）决定戒烟。以健康为首，列出十到十五条戒烟的好处。把这张单子钉到每天都可以看到的墙上。

（2）逐步减少每日吸烟的数量，然后计算出一周7天自己都抽了多少烟，并制定出符合实际的削减计划。从最简单的着手，每天减少一定的数量。每周递减烟量，直到最终戒除。

（3）避开一些明显的刺激。坚决不可入座吸烟区或进入酒吧等烟酒缭绕的地方。改掉旧习惯，以茶和饼干、干果、口香糖取代咖啡或烟。

（4）挑战自己的思想。在自己想抽上一支的时候，切勿对自己说："我必须来一支"，而应该说："我很想来一支，但我不需要"。仔细想一想自己为什么要戒烟。

（5）把烟头搜集起来放到一个罐子里。把吸过的烟头放到一个有盖子的罐子里。当你感觉有吸烟的冲动时，揭开盖子，闻一闻这种刺鼻的气味，既能缓解一下烟瘾又能起到警示作用。

（6）学会说"我不吸烟"。在镜子前多次练习说"我不吸烟"，直到自己可以脱口而出为止。切勿说"我已经戒烟了"。

（7）善待自己。用自己戒烟积攒的钱给自己买一份梦想已久的礼物。

专家提供的五日快速戒烟法：

埃及艾因·夏姆斯大学等医学院成功地开办了多期5天戒烟班，参加者戒烟率达95%，一些有50年烟龄的人也高兴地和香烟告别了。

第一天，要早睡早起，放松神经。饮食清淡，多食蔬菜、水果，喝酸性果汁和温水，进行散步等运动，冲澡，加速排除体内残积的尼古丁。不要食用容易引起烟瘾的高糖、高脂、高蛋白等食品。

第二天，可增加些蛋白质、奶制品，尽量少接触吸烟的环境，并开展劝阻别人吸烟活动。

第三天，最关键，坚决克制强烈的吸烟嗜欲，打消吸烟念头，用深呼吸、喝水等抵制、分散烟瘾。

第四天，烟瘾减弱，体重会增加，特别注意不吃零食，进晚餐要少而早，并服些维生素 B。

第五天，初步摆脱烟瘾的折磨。以后可逐步恢复原有的正常生活、饮食习惯。但仍要注意多吃水果、蔬菜，进行散步等体育活动。

以上我们所谈的这些，不过是最常见的由于难以承受压力而采取的不正确的"缓压"的方法。它们对身体所造成的影响是用时间来证明的。如果你不想被烟酒过早地毁掉身体的话，就照我所说的去做吧！

6. 过度疲劳是威胁你健康的杀手

永远要高度紧张；永远要保持活力；永远要看上去朝气蓬勃。可是，你的身体会抗议的，看！你疲劳的时候就是它在"罢工"了。

如果你平时觉得自己身体状况还算不错，可是最近一两天之内却没来由地"垮"了下来：干什么都觉得没精力、失眠、精神恍惚、使不上劲儿，肌肉都不听使唤。你会觉得很累，精疲力竭，再加上你为此而耽误了工作和生活所带给你的深深的忧虑，你简直就像一下子步入人生的晚秋，已经"心力交瘁"了。

其实，大部分人都有过这样的体验。这种疲劳并不是生理上做的活计过多而产生的肌肉劳累的感觉，而是由于情感和生理两方面的因素共同作用的结果,是一种长期压力之下身体的一种抗议的方式,要是你觉得歇息几天就会缓和过来,在短期内可能会有所帮助,但是从长远看来,只会让你一次比一次的感觉更疲劳、更累。那么,究竟是什么原因造成了这么可怕的疲劳状况呢?

疲劳其实有两方面的含义:身体疲劳和心理疲劳。身体疲劳自不用说,心理疲劳才是罪魁祸首。这是因为,在现代社会,人们无时无刻不处于压力之中,长期的学习压力,精神负重,在工作、事业开创、人际关系处理和家庭角色的扮演,对事业和家庭的不断权衡方面,总是陷于一种思考、焦虑、烦闷、恐惧、抑郁的压力之中,从而使心理陷入"心力衰竭"的状态。你看,每天都那么忙,哪有时间能够好好休息呢?更有甚者,如果再有点完美主义倾向,那简直就太累了,太不要命了,一刻都停止不下来,这种情况一旦有所持续,就会发展为疲劳综合症,严重地威胁着你的健康。

休息了两天,星期一上班,却见同事无精打采,一脸疲倦,我问她这两天忙什么了?她说:整理房间、清理柜橱、大清扫、洗衣服、被褥、床单、窗帘、擦门窗、桌柜、地板,两天没闲着,比上班还忙。我以前去过她家,特别干净,名副其实的一尘不染,可以和星级酒店媲美。

就像广告上说的,能够有一个五星级的家当然是好,可是要看看付出的代价是不是太大。有了够星级的家,又得打扫除尘,天天忙个不停,这并不是一件合算的事。记得有一位名人说过:并非所有的事情都值得全心全意做。

让自己整天忙的像个歇不住脚的陀螺,没有休息的时间,在假期里不仅不能从繁忙的工作中得到放松的机会,还会让心情变得更糟、更累,结果当然是拖着愈加疲惫的身体去迎接新的一周的挑战。你说,这样的生活除了痛苦还有什么乐趣可言呢?

世界太大了,想做的事太多了,可是人生太有限了,能做得过来吗？许多人在许多事情上把自己弄得精疲力尽，等到了真该做点什么的时候已经力不从心了。人说难得糊涂，其实是说在细枝末节的事上粗糙点，留着精力留着体力去做真正有意义的事。

现在，让我们来看一看，你有没有过心理疲劳的迹象呢？

①早晨起床后总感觉没有睡醒，浑身无力，四肢沉重，心情不好，甚至不愿意和别人交谈；

②学习、工作不起劲，什么都懒得做，工作中错误多、效率低，心情特别烦闷；

③容易感情冲动，神经过敏，稍遇不顺心的事便大动肝火；

④眼睛易疲劳，视力迟钝，反应慢，全身感到不舒服；晕眩、头痛、头重、背酸、恶心、胸闷等；

⑤困乏，但躺在床上又睡不着，晚上又一次次失眠；

⑥没有食欲，挑食，口味变化快等。

心理疲劳表现突出的人，似乎总在忍受着一种精神痛苦的折磨，心中积压着诸如悲伤、委屈、苦闷、烦恼、不平等抑郁之情，总感到自己生活得很累，期盼能解脱一些。但现实生活的压力只能由他们这些中坚力量承担，所以"明知山有虎，也向虎山行"。

没有别的办法，看来针对这些不利健康的因素，是该采取有效措施的时候了！那么，该如何战胜疲劳呢？

①增加活动量。制定每天的活动计划。在短期内，从最简单的运动开始，尔后慢慢增大强度。

②挑战自己的思想。提防"不左就右"、"不黑即白"的极端思想，如"今天我什么事情也不能做"，或者是"我的状况不会有任何的改善"。以更为理性的和积极的声明来挑战这些思想，如"今天我需要安排好自己"和"我正在慢慢地取得进步"。

③不要细想自己的感受，否则容易陷入不必要的麻烦中。分散自己的注意力，把注意力集中到不同的事情上。

④有规律地安排睡眠时间。每一天都在同样的时间上床和起床。

⑤改进你的生活方式。养成健康和均衡的饮食习惯。合理安排一日三餐，做些体育锻炼。不饮酒、抽烟，因为这两者会使你更疲劳。

⑥预料到事情会有所反复。故态复萌是进步的一个很正常的组成部分。不是有人说过，遭受疲劳折磨的人群在恢复良好感觉之前，可能会感觉更糟吗？也许这就是黎明前的黑暗吧！所以，不要过于担心！

学会有效地释放疲劳释放压力吧，精力充沛地过好每一天，在适当的时候给自己放个假，享受一下美好的生活，心情会变得更加灿烂，身体也会跟着快活起来。

7. 离滥用药物远一点

紧张忙碌的生活让你的精神处于沉重的压迫之中，并由此引发了令人痛苦不堪的睡眠问题。你觉得没有药物的帮助就难以入眠了。

留心你的周围，你能一天不下几遍地听到下面这些话：

"我好累噢，昨晚又失眠了，烦心事一件接着一件地闪现在眼前，怎么闭眼怎么数数都睡不着。"

"刚才我又趴在桌上打盹让主管给看见了，他已经发现我好几次了，完了！可是我怎么总也改不掉白天打盹的毛病呢。"

"每天下班回家后我浑身一点劲儿都没有，吃过饭就想睡觉，还总也睡不着，有时不得不依靠药物……"

这些言语反映了现代许多人的最普遍的想法，包括你自己，也有被疲劳压垮的时候。实际上，你被压力毁掉的睡眠回来报复你的身体了。

疲倦通常是睡眠不足引起的，而睡眠又与一个人当天的心情有着莫大的关系。如果一个人生活在高压之下，不可能会过得很开心，当然，他也比那些不知忧愁为何物的铁小子们容易疲倦得多，也更容易患上失眠症。有关资料显示：

在已经过去的一百年间，号称会享受生活的美国人的平均睡眠时间减少了20%。

自1969年后，美国人的年工作时数和上下班通勤时间增加了158个钟头。

疲劳所导致的生产力丧失使每年每人造成1000美元的生意损失。

医院诊所里挤满了觉得自己老是精疲力尽和饱受失眠痛苦困扰的人。

既然你无法避免工作和生活中的事情所带给你的种种麻烦，你也无法让自己每天都能沉浸在美梦中，那就选择给自己一个放松的机会吧。像美国首任总统乔治·华盛顿那样经常性的几天，甚至几星期不见人影的跑去休息，以恢复一下繁重的工作下日益疲惫的身体和精力，不能不说是聪明的做法。如果你夜晚或者白天休息不够，睡眠不好，那么不仅维持不了第二天的工作所需，长此以往你的身体将会受到极大损害。比如说：免疫系统衰弱，抵抗力下降，肠胃系统出现紊乱，及对自己伴侣的关爱程度明显降低等等。

也许你会认为，那些高成就的人不会觉得他们睡眠不足会有什么不便，相反却可以证明自己有过人的精力，你会认为工时长或努力一点，虽然得少睡一些，但可能得到较高的薪水。

但是，据调查显示多数成功的人都有规律、充足的睡眠习惯。不管他们就寝时间早晚，每天和每星期都要睡够，才能保持活力，向前冲刺。

如果你不时看到高成就的人平均每天只睡四、五个小时的故事，你必须要知道：

每个人需要的睡眠不同。和你自己比较就好。如果你需要8个小时才能让自己恢复过来，现时非要睡4个小时，绝对会给你的精神和身体带来莫大的痛苦。除非对那些在别人睡觉时间里还在努力工作的人的睡眠模式做过长时间追踪研究，否则谁也不知道长期的影响如何。可能这样的人会发生严重的失调症。谁知道呢？

　　压力偷走了我们的睡眠，这并不是件值得惊奇的事，几乎所有的人在生命中的某段时间内都曾遭受失眠的困扰。失眠常常出现在过多的需求使你感到有压力之际。在生物心理学上，作为"反抗或者逃避"反应的一部分，血液中肾上腺素的增加促使你的身体变得紧张，随时准备采取行动。你无法放松，这还可能影响你睡眠的质量，导致恶性循环的形成——你越担心失眠，你就会越加感到焦虑，而焦虑程度的增加反过来又使你的睡眠减少。如果你注意到这一切已经发生，就应当尽力避开这种恶性循环。做一些别的或者是分散自己注意力的事情，比如读读书或者冥想。

　　在偶尔睡不着的时候，若遵医嘱适量服用安眠药是可以的。但是若把它当做生活的必需品，长期地对它有所依赖的话，则会产生强烈的副作用：安眠药将使你在次日感到疲倦和烦躁，而且晚上你需要再次服用才得以入睡。由此产生了恶性循环，对你的身体健康情况又要多一分压力。

　　睡眠不足所带来的危险以开车时表现最为明显，有不少人认为坐在车子那狭小的空间里加上舒适的环境，马上就会让人昏昏欲睡，更何况你还可能晚上失眠或加班到深夜。比如你所乘坐的长途汽车或者末班车上的司机可能都会时不时地打几个哈欠，可能都处于"微睡"的状态中，你看这样的话风险性该有多高？

　　如果你没有足够的智慧与统筹全局的能力而又不得不生活在较大的压力之中的话，你也许会过得很抑郁，没有幸福感可言。此时若是能美美地睡上一觉，缓解一下身体上的疲惫，你就发现天空是蔚蓝的，空气也格外的清新，或许你有种恨不得马上蹦起来出门去工作的欲望和冲动。所以，保证睡眠质量，是你必须要首先关心的问题。现在，你可以跟着下面的方法做：

①在上床之前先放松。洗个热水澡，喝一杯牛奶或者是听一听轻音乐。

②远离刺激物。在睡觉之前的几个小时内，不要喝茶、咖啡或者可乐之类的饮料。同时晚餐还要避免吃辛辣的食物或者大鱼大肉。

③确保自己的房间很安静，床要舒适，并开着一扇窗户，以保证空气流通。

④保持有规律的睡眠时间。无论是否很累，每一天都在同样的时间上床和起床。不要在白天打瞌睡。

⑤把床看作只是睡觉的场所。不要在床上吃东西、看电视或者谈论令人烦恼的事情。

⑥睡前可以做一些适当的锻炼，如游泳或者是散步，当然，这要因人而异。

⑦不要过量饮水。避免在夜间起来上厕所。

⑧玩一些分散注意力的游戏。可回忆联赛中足球队的名称、学校中的人员或者是数最基本的数字，以此来分散自己的注意力。

⑨做一些无刺激性的事情。如果你无法在半个小时内入睡，从床上爬起来，走到另外一个房间，做 10~15 分钟无关紧要的事情，如阅读或者是熨衣服，来缓解一下紧张心情。

⑩做一些渐进式的肌肉放松锻炼。躺在床上，绷紧体内肌肉群，然后慢慢地放松，试着学猫咪那样伸伸懒腰和深呼吸。

⑪在桌头放一个柑橘或柠檬香精都会有助于你的睡眠。

⑫学会打盹，以所谓的马车夫姿势分开两腿坐在椅子上，头和上身微微向前倾，手和小臂自然地放在大腿和膝盖上。

在接待室、火车上和其他类似的场所：把背挺直、靠好；头向前倾或向后仰；为了保持血液循环畅通，两腿不要相互叠放。

写字台前：双手、双肘平放在桌面上，然后把头枕在上面。

改变姿势：以一个既平又不要太硬的公文包、一件叠起来的毛衣或者是一件夹克代替枕头，或者干脆放一个小靠垫在办公室，用双臂把这个"枕头"抱好，然后把头枕在上面。

这样的小睡对于身体恢复所起的作用完全可以和时间较长的午睡相媲美，有时甚至比午睡效果还要明显，一般时间为4~20分钟。

相信只要你以适当的方式改变自己内心对生活的态度，只要你不把工作中的恼人事情带回家，只要你还热爱你周围的一切，你会睡得越来越开心的。

但是，另外一种由于压力过大，焦虑不安或是由于情感上的失落而影响了正常精神的抑郁的情况却必须通过治疗的手段加以抑制。在医院里，医生会开一些镇静剂之类的药物给深陷其中不能自拔的人群。服用镇静剂的好处是它们可以在短期内减轻你的焦虑情绪，有助于你应付一些自己可能会逃避的困境，使你的工作效率提高，使你的生活变的轻松一些。但是它并不能从根本上掩盖你的焦虑，相反，会让你沉浸在药品中不能自拔，而且会使你丧失自信，更为深切地感受到压力的真实性与可怕性。同时，你还会发现自己昏昏欲睡、食欲不振、口干，头晕和协调能力下降，会让你行为更加失常，甚至在生活中失态。

34岁的李媛在一家个企公司做个小白领，由于竞争压力太大，她对工作总是全力以赴。这一年来，不知怎的，她经常坐立不安，心跳加快，头昏眼花，明明核对无误的资料却总不放心，要再三检查，一向是美食主义的她对吃也提不起兴致。看肠胃科，医生说："肠胃蠕动不良，应多注意饮食。"看内科，医生说："血压高了些，要注意睡眠，多休息。"中药西药吃了一阵子，效果却不明显，她渐渐感觉人生索然无味。最后，在友人陪同下，李媛踏进精神科门诊，经医生诊断，原来这是典型的精神焦虑症。现在别说去工作，连生活都受到了严重的干扰。医生给她开了镇定剂，李媛以为有了药物控制就可以像以前一样工作。现在，她的精神已经日渐不支，不得不辞职回到父母身边休养了。

如果你不得不服用镇静剂了，也不要觉得过于恐惧，把药的剂量控制在不会影响正常的工作和生活的范围内就不会对精神造成太大的影响或是使身体其他部位产生行动障碍和疾病。如果想缓解抑郁的压力，从精神上开始调节才是治本之法，焦虑患者发病时总胡思乱想，如果不能以药物控制则会痛苦不堪。这时你可采用自我刺激法，转移注意力，如听喜欢的音乐，看有趣的书，从事自己喜欢的运动等，来忘却其痛苦。科学证明：精神的放松有助于缓解焦虑引起的不适。精神放松的人会处于松弛、宁静、自然的快乐之中，更有助于你摆脱对药品依赖的痛苦。

①选择自己生活中比较积极的一段时间。在自己还未处于生活危机的高峰期便开始戒断计划。这种时间段一般是你在感觉最为放松的周末或节假日。

②逐步削减剂量。与自己的医生协商，并征求他们的意见。这可能要花上两个月，或许更长的时间。

③停药后会出现的情况你要早做打算。这些并不是焦虑征兆的故态复萌，即使感觉起来它们很相似。要学会一种放松运动，比如瑜伽术和普拉提。

④保持积极的态度。一个小时接一小时地面对随后的几天时间。戒断时出现的征兆也不会永远地持续下去，而且不会带来伤害。

⑤建立自己的社会支持网。与自己的亲友、家人、医生或者是顾问进行交谈，让他们知道自己所经历的一切。

⑥让自己有事做。以各种事情分散自己的注意力，使自己的思想远离戒断的压力。例如从事一些自己很喜欢的、令人心情舒畅的、分散注意力的活动。

其实，最有效做法就是相信自己，你应该首先肯定地对自己说：我能战胜压力，夺回自己酣美的睡眠和心理健康！我有高学历和高素质，什么困难能阻止和战胜我这样一个将会在世界上创造最高荣誉的人呢？记住，战胜你自己就是战胜疾病，战胜压力，战胜生活！

8. 女人也有"压力病"

100年前，女人走出家门去工作是反常行为，今天，女人赖在家里什么都不做是反常行为，而且通常在人们茶余饭后的闲谈中也得不到太多的尊敬。是啊，女人既然提倡了男女平等，就要风雨无阻共同承担生活的压力，女人再也不是弱者。

然而，在现代社会中，人们为了享受生活已经透支了太多太多的体力和精力了，职场上不乏有这样的：把女人当男人使，把男人当机器使。很让人郁闷的现象。但是事实是，虽然这种忙碌的生活确实可以让人们生活条件得到改善，觉得日子过好了，但同时，感受到的压力也就更大。

在现代女性的生活中，紧张是对每一天的最恰如其分的描述——工作中应付各种会议、报告、谈判、订单和复杂的人际关系，下班后还要照顾孩子、老公和做家务。惟独没有时间保养自己的身体。若要测得一个女人是否已经被压力击中或是"压垮"了，看看下面这些疾病就会知道。

经前综合症。月经是女性感知身心压力的晴雨表。月经前的疼痛，情绪波动大，月经不规则，量多或少甚至消失等症状出现，表明身体已经虚弱，需要多加注意了。多数情况下，因为身心处在难以释怀的压力之下的女性更容易患此病，并且直接影响到你的情绪和生活。

缺铁性贫血。身为女性，你敢说你不曾减过肥吗？你有没有节过食？在外人看来，你的脸色和嘴唇是苍白的，呼吸是微弱的，情感冷漠又脾气暴躁，这些都是贫血的外在表现。

睡眠问题和心脑血管疾病。工作强度高，压力大，长期精神紧张使女性植物神经功能紊乱而睡眠质量不佳，甚至年纪轻轻就出现心脑血管疾病如心脏病、高血压等。

妇科肿瘤。女人到了30岁一定要定期做健康检查，否则由于长期的精神紧张，工作繁忙透支体力的情况下身体免疫系统功能下降，而造成的宫颈糜烂、宫颈癌、子宫肌瘤、卵巢肿瘤及乳腺肿瘤等病症很容易被忽视，贻误了治疗时机而危及生命。

有一位职业妇女在某大城市的一家银行里坐到了较高的位置上，因为成绩来之不易，她与同在一起工作级别略高于自己的老公都十分珍惜今日这份十几年辛苦得来的"甜果"。他们夫妻俩很想要孩子，可是一来工作忙得整天晕头转向，二来对女人占据的位置虎视眈眈的可畏后生实在太多，女人担心自己的产假一结束马上就会面临失业的危机，于是只好一次一次，一年一年地放弃着做母亲的机会。到今年，已逼近40岁的"芳龄"了。

就在大家在怀疑他们还能否如愿以偿时，女人突然被查出有子宫肌瘤，由于平时工作紧张基本上没太在意过自己的身体，总觉得不会出什么问题。等病情发展到现在，治不治得好都还难说，更不要说想要宝宝了。她说："辛苦打拼下了事业，却不能享受一天的闲散时光，不能享受做母亲的幸福，不能体味做女人的快乐，不能呵护完整的家庭，这样的人生，还有什么意义？我怎么会，怎么会让工作蒙住了心灵，让工作毁掉了我的身体和生活！真不能原谅我自己！"

可是事到如今，还能有什么办法呢！如果你是位职业女性，如果你每天也在压力中透支生命，赶紧停下脚步关心一下自己的身体吧，世上可没后悔药可买哦！在日常生活中，你需要注意这些：

①月经不调的缓解方法：

经常接近自然。采用一些芳香疗法，通过鼻子对大脑直接进行刺激以缓解紧张。听一些自己喜欢的音乐，会刺激副交感神经，继而刺激人的五官感受。在房间里悠闲地喝一杯茶或一些温和的饮品，让自己的心变得柔软，试着服用一些钙片和镁。

②对付贫血的应对策略是：

多吃含铁食物，比如肉、鱼、家禽、豆腐、豆类植物以及经过含铁强化处理的谷物和面包，对预防和治疗缺铁性贫血非常有帮助。

③保护你的睡眠和心脑：

坚持有规律的体育锻炼可以调整身心状态、缓解压力和防止心血管疾病的发生。少喝咖啡和浓茶。以外还应保持低脂肪、低盐等合理的饮食习惯，防止体重超重或肥胖。更要定期地接受心血管系统的检查，每一年去医院进行一次体检。

④缺铁性贫血：

皮肤苍白、头晕、气短、眩晕发作、冷过敏、情感冷漠、烦躁易怒和注意力降低等，是缺铁性贫血的表现，目前女性患此病的人数开始增加。体内缺铁使向组织供氧的血红蛋白不足，遇到大运动量、节食、月经期长等情况时缺铁性贫血极易导致完全贫血。

⑤对付妇科肿瘤：

定期做妇科检查对预防妇科肿瘤尤为重要，如 B 超、宫颈刮片检查、乳房扫描等。如果是职业女性，不论工作多么繁忙都不要忽视这一点，因为对于肿瘤来说，早发现、早采取措施，可以带来截然不同的后果。注意经期卫生、性生活卫生，避免性生活紊乱和过频，这样就能够有效预防妇科炎症的发生，有利于抑制肿瘤出现的机会。注意合理休息，多吃富含维生素、蛋白质、矿物质的食物，增强身体抵抗力。

每个女人都是朵娇艳的花朵，聪明的女人会用健康来将自己滋润成最诱人的那一枝！现在，舍得什么，留下什么，追求什么，知道怎么做了吗？

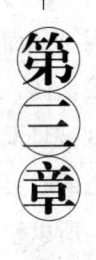

第二章 别让压力毁了心理健康

　　人最大的敌人是自己,许多人失败,并不是因为缺乏智慧和能力,而是因为他们无法战胜自己,无法战胜自己的心理压力。脆弱的心灵是让压力得以肆虐的根源,只有心灵的城墙坚实的人,才能抵御住它的攻击,才能坚守着自己成功的信念。社会的纷繁复杂已经让太多人对压力俯首称臣了,所以,聪明的人们必须时刻警醒地把握自己才不会让压力偷偷潜入你的心灵城堡,毁灭你的心理健康。

1. 找寻心灵的伊甸园

人之所以可以控制世界就在于人类拥有强大的足以战胜一切的心灵，它能够帮助人们摧毁任何的困难从而走向成功。然而，人心又是敏感和脆弱的，它虽然很顽强但也很怯懦，虽然很伟大但也很渺小，虽然有着能够战胜一切的力量但也时刻被恐惧包围着……

世界上所有成功的人都是真正的心灵战神，在同内心的恐惧的战斗过程中得到了幸福，得到了安宁。所以整个人也就有了藐视一切的气度和从容淡定的神情，所以面对突如其来的不幸才能清醒地记起自己应该怎样着手去办。

这个世界有才华的人实在是太多了，可是优秀者数来数去也就那么几个，原因就在于这些人人格的力量受到了大众的如神般的崇敬，而人格的魅力就是强硬的心理素质历练出来的！

在历史上几乎所有的著名人士都是战胜了自己这样那样的心理缺陷而取得成功的。

如果林肯觉得平民出身做事业又屡战屡败的自己终究还是摆脱不了失败者的命运而放弃努力的话，他就不会奇迹般的战胜那些富豪财团的领导者坐上美国总统的宝座。正是因为林肯对内心怯懦的蔑视，才会坚忍不拔最后成功。可是现实生活中的你自信有这种能力吗？当你面对挫折和失意的时候，当你面对自己的贫穷和生理缺陷的时候，当你被困难重重包围的时候，你是怎么做的？不要自欺欺人地说你会努力克服，事实上在这些心理的沉重压力之下，你早已经缴械投降了。你的自动认输让心理压力的恶魔在你身体里面更加横行霸道，肆虐的更加无所顾忌。就这样，你彻彻底底失败了，不是败给别人，只是被袭击无力与压力抗衡的心灵出卖了。

生活是无限美好的，可是总有太多的人在心灵的禁锢中看不到气味甜美的阳光，只看到绵绵阴雨的街道弥散着刺鼻的腐气。这样的生命，难道是你所希望拥有的吗？

人生只有一次机会，要过得精彩，活得与众不同让所有人都羡慕不已。所以，战胜你心灵的缺陷，战胜你心灵的压力，你就能无往而不胜了！

2. 战胜恐惧

许多人不敢去追求成功，不是因为他们没有理想没有抱负，而是在想开始行动之前就已经被内心的恐惧打败了。这是种对恐惧之神的臣服，是对自身缺陷极度自卑的表现。在你身边的人们都紧紧盯住你是否能够成功，这种期待给你的心理带来了极大的压力，因此你害怕失败，害怕失败后会遭到众人的攻讦。就这样，你终于变成了默默无闻的无名小卒不再奢望自己能有什么建树了。

在日常工作或生活中，你肯定有过这样的经历——当你想对某件事情发表意见或提出建议时，心跳的几乎要蹦出胸膛来，冷汗浸湿了衣服，但不管你多么的努力最终却还是没有开口，为什么会这样呢？因为你担心或者害怕有人出来反对和讽刺挖苦。正是由于这样的担心和害怕使你丧失了许多开口的机会，打退堂鼓，以至于每次讨论事情时大家都可以对你忽略不计，你的地位就江河日下了。同时，也因为你不会表现自己而失去了很多成功的可能。这些都是被恐惧的压力胁迫过大造成人生暗淡无光的表现。其实，我们的人生旅途就像一座大山，只有不怕山中的豺狼虎豹，不怕在翻山越岭的路途中被艰难的道路阻滞，被急风暴雨拦截，才能到达人生的顶峰，才能充满自豪感地回头看看山下的无限风光。

有人曾经说过这样的话："谁战胜了内心的恐惧，谁就能挑战最高的那座山峰，不能挣脱恐惧的樊笼就要一辈子给它做奴隶。"能否在做事情时克服恐惧压力的控制，勇敢地从它的阴影中走出来，继续保持或者拥有自信的头脑，以排山倒海的信心，所向无敌的勇气去重新面对生活和自己的事业，这是一个人能否达到最终胜利的决定因素，这也是充满激动和令人崇拜的人生。不畏不惧，就是成功者顶风破浪勇往直前的力量之源。

1939年，宾劳在波兰的华沙正预备同他的爱人安妮结婚时，德军入侵了。在一片混乱下，宾劳和其他犹太人一样被拉上一辆货车，送进了集中营。在那里，他被关到1945年"二战"结束时。

在刚进入集中营的最初几天里，他不停地在想："安妮在哪里？"以后的那些日子就演变成令人心悸的日子。

宾劳与其他4000名犹太人一样，每天只有一块面包和一碗汤。他经受着肉体和精神的折磨，但仍艰难地活着。

离解放的日子越来越近了，营内的人数由4000一下子跌到了不足500人。在无计可施之下，盖世太保的秘密警察只有把这些犹太人的脚串连地缚着，然后命令他们一个跟一个地离开集中营，在严寒之中穿过雪地前进。衰弱不堪加上疾病缠身，很多人都在雪地上倒下去了，他们就被留在那里直至被冻僵为止。宾劳虽然也是饥疾交加，但他内心深处的一种力量在无形中鼓舞着他，那就是一定要见到安妮，永远不放弃希望，正是这种信念，帮助他战胜了在集中营的恐惧的令人发疯的日子。

宾劳至今清晰地记得那个难忘的早晨，隆隆的轰鸣声自山后方传来，接着坦克在地平线上出现了，并且迅速穿过正在消融的雪地。终于，那些美军追上来解救了那些可怜的犹太人，宾劳自由了。

他想做的第一件事就是要去找安妮。此时他的内心充满了喜悦与不安：安妮还在吗？她死了吗？她结婚了吗？另一个生存者告诉宾劳，他听说安妮在史杜格，有人在那里见到过她。

于是，宾劳长途跋涉来到史杜格。当他坐上公共汽车穿过市中心时，突然看见一个年轻漂亮的姑娘站在街头。他跳下车，旋风似地跑到她面前。他们彼此对望，在眼眸深处，他们知道彼此仍然爱对方。他们拥抱着，又哭又笑，诉说离别的痛苦。

宾劳秉承不放弃的信念，以无比强大的勇气战胜了恐怖的环境最终获得重生，与自己心上人过上了幸福的生活。

因此，你若处于绝境中一定要具有不放弃的信念，因为只要信念在，希望就在，只要希望在，勇气就在。这个世界上有多少失去希望的人们战胜不了内心对生活的恐惧，对事业失败的恐惧而自寻死路的不在少数。在受到挫折的时候，你不妨问一问自己，是否还有重新来过的勇气呢，如果你被恐惧的压力控制了一切，那么就绝无东山再起的可能。只有迈出了恐惧的阴影的第一步才是吹响你崭新人生的号角。从前有一位年轻人就要离开故乡去外面闯荡，山海苍茫，心里难免有些惶恐。因此，他动身之前去拜访了一下本族族长，请求指点。老族长写下了"不要怕"三个字，然后望着前来求教的年轻人，说："孩子，人生的秘诀就只有这三个字，今天我告诉你，够你一生受用。"

三十多年后，年轻人已经人过中年，他牢记老族长的话，取得了很大的成就。当年一文不名的年轻人，正是凭借能战胜一切的勇气攻克了人生一个又一个的难关。

仔细看看你的内心，你到底在害怕什么，你的畏惧是真实存在的还是过分夸大了？恐惧经常在我们每个人的潜意识里长久地占据着，阻止着我们继续走向成功。

恐惧确实会给人们的心理上造成沉重的压力，但是只要你能以积极的态度勇敢地面对，认真思考摆脱的途径并予以实施，它们就再也无法对你构成威胁了。

①努力选择并尝试一些新事物，即使你仍留恋着熟悉的环境。如尽力多结识陌生的朋友，尝试一些新工作，这会对你战胜恐惧起到良好的

调节作用。

②不要再费心思去为你做的每件事找借口。当别人问你为什么要这么或那么做时,你并不需要说出可信服的理由,以使别人满意。其实,你决定做的任何事理由都很简单——因为你想这样做。

③试着冒点风险,摆脱日复一日的单调生活,这有助于你锻炼自己克服困难,克服恐惧的心理素质。

④每当你发现自己总是在回避未知事物时,问问自己:"如果我真的接触了这些东西,最糟糕的结果是怎么样?"仔细一想,其实并没什么,你对未知的恐惧,往往大于探索未知而产生的实际后果。

⑤接触那些你认为使你惧怕的人,主动同他们谈谈话,看他们反应如何。你会发现,这些人的怀疑态度曾是你担忧的因素之一,也是你所深深惧怕的。

⑥试着去做你一直以为"我做不好"而回避的事情,就算你失败了,你也会在做事过程中获得了乐趣和经验,这些都是一笔可贵的人生财富。

⑦记住:别人能做的事你也一定能做到。你可以选择自己想做的任何事情,实现你的目标,没有什么好怕的。不要在事情还没有开始时就给自己加上巨大的精神压力,这样就很容易"怯敌必败"。

的确,面临要做一件事情的时候,人们往往都会对事情的未知性感到恐惧,正是这种近乎绝望的感觉让人们丧失前进的勇气和信心。只有消除了惧怕心理的沉重压力,重新审视你的价值和行为才会激发重整旗鼓的勇气。你要对自己说,生活是因我而存在的,除了要战胜自己,还有什么值得你去惧怕的敌人呢?

3. 要干脆，别犹豫

犹豫不决绝对是人们成功之路上的一个阴险狡诈的敌人。它能冷笑着挡在你面前把好容易才露面的机遇白白放跑，还能蒙蔽你的心智，让你做出昏聩的决断。还可能让你的前途迷雾漫漫，压力重重。所以，你必须要向它宣战了！趁这个可怕的敌人还没有长成能绝对伤害你的力量时，趁它还没有给你带来痛苦的压力时，不要手软，立即把它置之死地吧，千万不要等到失败的时候才后悔为什么当初自己就那么的优柔寡断呢？不管用什么手段，一定要逼着自己去练习坚定的决断能力，无论事情是简单还是复杂。犹豫虽然不是一种明显的压力，但是它确实能够给你带来压力，也确实能压迫着你在前进道路上更加小心翼翼。

王安博士小时候，一天在外面玩耍时，他发现了一个鸟巢被风从树上吹掉在地，从里面滚出了一只嗷嗷待哺的小麻雀。他决定把它带回家喂养。当他托着鸟巢走到家门口的时候，忽然想起妈妈不允许他在家里养小动物。于是，他轻轻地把小麻雀放在门口。在他的哀求下，妈妈终于破例答应了。他兴奋的跑到门口，看见一只黑猫正在意犹未尽地舔着嘴巴，小麻雀却不见了。他为此伤心了很久。但从此他记住了一个教训：只要是自己认定的事，就要排除万难，迅速行动。就是这样一个看似平淡的教训，让他长大后成就了一番事业，成为名人。当遇到事情时，如果没有快刀斩乱麻的魄力，有时候是一定会错失良机的。所以，一旦你确定目标，行动一定要果断，要快。

在现代社会，犹豫不决的恶习，已经深入到许多人的骨髓，因为生活压力大，人们无论做什么事，总是瞻前顾后，时刻留着一条退路，无破釜沉舟的勇气。人如果下定了决心，便会有坚强的信念，那做事情的成功几率就会提高很多。有所作为的人，无论问题多么困难，都把它放

在面前，考虑解决，决不会任其延误、耽搁。因为他们知道，犹豫可能会给本来就已复杂的局面带来更多的麻烦，自己也将承受更大的压力。

公元前1世纪时，罗马的凯撒大帝统率他的军队抵达英吉利以后，决心绝不退却。为了使士兵们知道他的决心，便当着士兵的面，将所有的船只全部焚毁。结果，士兵们作战时都英勇异常。

许多人往往在开始做事的时候便留着一条后路，作为遭遇困难时的退路，还没进，便思退，这样的心态哪能成就伟大的事业？

绝无后路的军队，才能决战致胜。所以无论做什么事，必须抱着破釜沉舟的决心，勇往直前，遇到任何障碍都不能后退，若是立志不坚，遇到困难就乖乖投降，那绝不会有成功的一日。

一生的成败，全系于意志力的强弱。意志力坚强的人，遇到任何艰难障碍，都能排除万难，去除障碍，玉事于成。而意志薄弱者，一遇挫折，便颓丧退缩，导致失败。

实际生活中有许多意志薄弱的青年。他们很希望上进只是没有坚强的决心，不抱着背水一战的信念，一遇到问题后犹豫来犹豫去最后错失了良机，只好选择后退。

既然你已经下了决心，不留后路，就应当竭尽全力，向前进取，那么即使遭遇千万困难，也不会退缩。

如果抱着非达目标不止的决心，就会排除阻碍，获得胜利，那些怕犯错误而裹足不前的人，那些害怕变化和风险彷徨不知如何是好的人，永远无法到达胜利的彼岸，永远无法摘取胜利的果实。把那犹豫、胆怯等妖魔全部赶走。成功之敌，在坚定的决心下，必无留存的余地。

有了决心，便能克服种种艰难，获得胜利，得到一般人的敬仰。有决心的人，必定是个胜利者。有决心，才能增强信心，充分发挥才智，从而在事业上取得伟大的成就。

世上最可怜的人就是犹豫不决的人。如果有了事情，一定要与他人商量，不依靠自己，而去依赖他人，这种性格犹豫、意志不坚定的人，既不相信自己，也不为他人所信赖。

好多人怕决断事情，不敢负责任。之所以如此，是因为不知道事情的结果怎样。他们只怕如果今天决断了一件事情，也许明天会有更好的事情发现，以致对于第一个决断发生懊悔。许多惯于犹豫者，不敢相信他们自己能解决重要的事情，许多人因犹豫不决，破坏了他们美好的理想。

决断迅速的人，不免要发生错误，可是，毕竟比一些犹豫者好得多，做事迅速，犹豫者简直不敢开始工作。

当犹豫不决这阴险的仇敌还没有伤害你的力量，破坏你求生机会之前，就要即刻把它置之死地，不要等到明天，今天就该开始。要逼着自己，常去练习坚定的决断，事情简单时更须立刻决断，切不要犹豫。陷入进退两难的地步，更要竭尽全力来打开出路。

伟人是需要创造出来的，他们为了战胜一切困难克服种种压力之后，才发挥他们极大的力量，成为名垂青史的人。

美国有许多伟人，起先所做的事，一点没有表现出能力，直到厄运毁灭了他们的产业，把他们依赖着的谋生方式夺去以后，才发出真正的力量来。

有好多人，一定要等到他们的财产消失以后，才能表现出他们的才干。人的力量往往就潜伏在里面，到了需要表现时，才会激发出来。

犹豫不决，实在影响到人格的建立，它不仅使勇气消失，意志消沉，而且破坏自信力和判断力，破坏理智的效能。

犹豫不决，就像一艘无方向的船，永远漂流在狂风暴雨的深海里面，永远达不到目的地。

"在你的一生中，你一直养成一种习惯：逃避责任，无法做出决定。结果到了今天，即使你想做什么，也无法办得到了。"

看了下面的故事，你就知道，在人的一生中，果断地做出决定是多么重要：

美国拉沙叶大学的一位业务员前去拜访西部一小镇上的一位房地产经纪人,想把一个"销售及商业管理"课程介绍给这位房地产商人。这位业务员到达房地产经纪人的办公室时,发现他正在一架古老的打字机上打着一封信。这位业务员自我介绍一番,然后介绍他所推销的这个课程。

那位房地产商人显然听得津津有味。然而,听完之后,却迟迟不表示意见。

这位业务员只好单刀直入了:"你想参加这个课程,不是吗?"

这位房地产商人以一种无精打彩的声音回答说:"呀,我自己也不知道是否想参加。"

他说的倒是实话,因为像他这样难以迅速做出决定的人有数百万之多。这位对人性有透彻认识的业务员,这时候站起来,准备离开。但接着他采用了一种多少有点刺激的战术。下面这段话使房地产商人大吃一惊。

"我决定向你说一些你不喜欢听的话,但这些话可能对你很有帮助。

"先看看你工作的办公室,地板脏得可怕,墙壁上全是灰尘。你现在所使用的打字机看来好像是大洪水时代诺亚先生在方舟上所用过的。你的衣服又脏又破,你脸上的胡子也未刮干净,你的眼光告诉我你已经被打败了。

"在我的想象中,在你家里,你太太和你的孩子穿得也不好,也许吃得也不好。你的太太一直忠实地跟着你,但你的成就并不如她当初所希望的。在你们结婚时,她本以为你将来会有很大的成就。

"请记住,我现在并不是向一位准备进入我们学校的学生讲话,即使你用现金预缴学费,我也不会接受。因为,如果我接受了,你将不会拥有去完成它的进取心,而我们不希望我们的学生当中有人失败。

"现在,我告诉你你为何失败:那是因为你没有做出一项决定的能力。

"在你的一生中，你一直养成一种习惯：逃避责任，无法做出决定。结果到了今天，即使你想做什么，也无法办得到了。

"如果你告诉我，你想参加这个课程，或者你不想参加这个课程，那么，我会同情你，因为我知道，你是因为没钱才如此犹豫不决。但结果你说什么呢？你承认你并不知道你究竟参加或不参加。你已养成逃避责任的习惯，无法对影响到你生活的所有事情做出明确的决定。"

这位房地产商人呆坐在椅子上，下巴往后缩，他的眼睛因惊讶而瞪大，但他并不想对这些尖刻的指责进行反驳。这时，这位业务员说了声再见，走了出去，随手把房门关上。但又再度把门打开，走了回来，带着微笑在那位吃惊的房地产商人面前坐下来，说：

"我的批评也许伤害了你，但我倒是希望能够触怒你。现在让我以男人对男人的态度告诉你，我认为你很有智慧，而且我确信你有能力，但你不幸养成了一种令你失败的习惯。但你可以再度站起来。我可以扶你一把——只要你愿意原谅我刚才所说过的那些话。

"你并不属于这个小镇。这个地方不适合从事房地产生意。你赶快替自己找套新衣服，即使向人借钱也要去买来，然后跟我到圣路易市去。我将介绍一个房地产商人和你认识，他可以给你一些赚大钱的机会，同时还可以教你有关这一行业的注意事项，你以后投资时可以运用。你愿意跟我来吗？"

那位房地产商人竟然抱头哭泣起来。最后，他努力地站了起来，和这位业务员握握手，感谢他的好意，并说他愿意接受他的劝告，但要以自己的方式去进行。他要了一张空白报名表，签字报名参加《推销与商业管理》课程，并且凑了一些一毛、五分的硬币，先交了头一期的学费。

三年以后，这位房地产商人开了一家拥有数百名业务员的大公司，成为圣路易市最成功的房地产商人之一，他还指导其他业务员工作，每一位准备到他公司上班的业务员，在被正式聘用之前，都要被叫到他的私人办公室去，他把自己的转变过程告诉这位新人，从拉沙叶大学那位

业务员初次在那间寒酸的小办公室与他见面开始说起，并且首先要传授的一条经验就是——"延迟决定是最大的错误"。

有一位作家说过："世界上最可怜又最可恨的人，莫过于那些总是前瞻后顾，徘徊在取舍之间的人，莫过于那些无法承受压力，犹豫不决的人，莫过于那些容易受他人影响，没有自己主见的人，莫过于那些拈轻怕重，不思进取的人，莫过于那些从未感受过自身伟大内在力量的人，他们总是背信弃义，左右摇摆，最终自己毁坏了自己的名声，最终一事无成。"

那么该如何去克服犹豫不决这种百害而无一利的恶习呢？

①在行动之前，你首先要冷静地思考，给自己充分的时间思考主题和问题。

②一旦做好心理准备，要立刻去行动，迟疑是最大的禁忌！

③不要要求自己十全十美，不论心情好坏，每天一定要有规律地持续工作。

④不要浪费时间，现在，就是工作的最好时机。不要常常说明天或下个星期，而是把握现在。

⑤要有远见，有计划的工作，搜集对将来有用的情报，一点一滴的累积。

让我们彻底地甩开犹豫所带来的烦恼和麻烦，做一个当机立断的人吧。如果你还是犹豫不决，那么所有的机遇都将与你擦肩而过了，你还靠什么来取得成功呢？

4. 不要让烦恼在身旁停留

没有人会无缘无故产生烦恼。在我们的生活中，对名利的追求，对自身的不满，对别人的嫉妒和猜疑，对工作的埋怨等等都会令人感到苦闷和压抑。现代人大多数面临家庭工作双重压力，想潇洒自如的挥一挥衣袖不带走一片云彩，真是难上再加难！可是当真没有办法了吗？快乐的人到处都有，快点算上你一个吧。

曾经听说过这样一个故事：很久以前，有个家财万贯的大商人，整日郁郁寡欢闷闷不乐。于是他派仆人四处寻找一个快乐的人，并把快乐的人带回他富丽堂皇的像宫殿一样的房子里。仆人四处寻找了好几年，终于有一天，当他走进一个贫穷的村落时，听到一个快乐的人在放声歌唱。循着歌声，他找到了那个正在田间犁地的农夫。

仆人问农夫："你快乐吗？"

"我没有一天不快乐！"农夫回答。

仆人喜出望外地把自己的使命和意图告诉了农夫。

农夫听后不禁大笑起来。为了表示感谢，农夫告诉他自己快乐的"秘方"，他说道："我曾因贫穷没有鞋子而沮丧，直到我有一天在街上遇到一个没脚的人。"

作为一个人，如果生活失去了快乐，那他的人生也就从此没有了趣味，没有了光彩。一个人心灵的平静来源于对生活的满足，对所拥有的感恩之心以及空灵的心境，波澜不惊而不是汹涌咆哮的欲望，是会把压力小心翼翼地放在一个人生积极的角落里而不是为它几十年如一日的霜染双鬓，做牛做马。

当你忙忙碌碌地为某种工作尽心竭力准备死而后已时，烦恼就不可避免如狂风暴雨般压顶地袭来，因为你必须为了完成这件事不得不专心，全神贯注而忽视了身边转瞬即逝的快乐。有时你对现实的期望越高，压力就越大，所做的事情越单调乏味，烦恼就越多，就越是痛不欲生，这是事实。其实，你完全可以把手里的东西扔到一边，让它们暂时见鬼去吧。然后得意洋洋地坐下来想一想，原来有那么多事情本来可以不必操那么多心的！看着别人不顺眼就喋喋不休对自己有什么好处呢，是可以延年益寿还是返老还童啊？夜以继日地工作损坏了身体又有什么

幸福可言呢，你赚了再多的钱到头来还不是得用于治病？所以啊，烦来愁去白了头的是你自己。为什么不让自己从生活上的压力的坚壳中挣扎而出，重新拾起活力看到生活的美丽之处呢？

有一位中年商人，3年前，相伴30余年的爱侣不幸暴病而亡。他哀恸不止，大病一场。10个月后，刚从国外毕业回来准备接他班的优秀的大儿子惨遭车祸，追随母亲去了。一年之内，这两桩巨大的不幸把他完全击垮了，吃不进，睡不着，一天到晚神情恍惚，非常颓丧。所幸的是，他还有一个4岁的小孙子。一天下午，商人静静地坐在后院里，小孙子很不识趣地来到他身边扯着他的衣服一再请求："爷爷！给我做一只小风筝！"此时的他是什么兴趣也没有的，更别谈做什么风筝了。但这个孩子一向挺能缠人，他不能不满足他的愿望，最后花了3个小时终于做好了风筝。望着满地的纸屑、木条，商人忽然想到：刚才的3个小时似乎和以往大不相同——那是他数月以来第一次感受到恍惚精神拥有了安静和休息。此时，他似乎已跳出精神恍惚的陷阱，已经振作起来了，同时也恢复了昔日的活力。

人生不如意十之八九，每个人都有空虚、寂寞、恍惚、失意的时候，当你被烦心事纠缠不休时，是任由它左右你，摧毁你的意志和生活呢？还是选择勇敢的承受下来，收放自如地控制它？相信只要你鼓起勇气，"苦不苦，想想红军两万五"，并且坚守事在人为，人定胜天的伟大原则，不要总觉得"此愁无计可消除"，我们一定可以从容、乐观面对一切烦恼。

想要消除压力所带来的烦恼情绪，不妨照以下几个步骤走走：

①要使自己有一个明确的目标，为生活做出一个可行的计划。这样，你的生活就有了方向，有了动力，并且会带来阶段性的成就，然后你就可以细细品味成功的幸福味道了。盲目的冲一个庞大的目标猛冲过去的结局可能就是半途而废，所以分步骤行动是聪明的做法。在树立自己目标的时候，不妨考虑一下：曾经有什么梦想，现在是否还能实现，

但是别花大量精力和时间在根本不可能实现的事情上。比如你攀岩技术高也千万不要妄想打破世界吉尼斯纪录。

②目标内容要具体化，比如，到明年7月份，我将去云南旅行，这期间我要有足够的闲余资金支持这次远行，同时要保证身体的健康。

③每月列出一个行动计划，周末你要分成几块时间，每部分用来做什么，准备花掉多少钱，睡多长时间的觉等。没有特殊情况就不要临时改变它，否则你又将忍受一个乱纷纷的周末了。

④当你的目标彻底完成时，不妨给自己一点小小的奖励，一是享受一下成功的喜悦，一是给自己一个激励，使自己更有动力以这样的方式去实现一个又一个的人生理想。

⑤要学会自我调节。无端地猜忌别人，嫉妒别人是不可取的做法。把自己从对别人或其他事情的挑剔中"解放"出来，大度大方地接受你面前的这个世界。另外，要多做一些自己感兴趣的事情，让自己没有精力注意眼前的不愉快，正所谓眼不见心不烦嘛。或者干脆回到自己舒服的小窝里睡上一觉好了！

⑥有了烦恼的事情最好不要憋在心里，找亲人和朋友们聊一聊就会释放掉不少的压力，感到轻松终于又找你来了。锻炼身体，读自己喜欢的书，听音乐都是排解烦恼的有效方法。

生活不可能事事都如你所愿，但是只要找到烦恼的根源，集中一切力量去消灭这个心魔。以自己宽容、上进之心去面对生活，相信那些寂寞和空虚，或者是各种各样的欲求带来的心灵上的烦恼都会化解掉的！

5. 自己给痛苦加一匙糖吧

就算是商业大鳄、明星骄子也难免会倾家荡产。所以你不必为自己现在的境遇感到痛苦不堪，感到除了压力你身边再也没剩下什么了，进

而丧失了对生活的信心,对未来勇往直前的勇气。曾经的遭遇可能让你还记忆着撕心裂肺的痛楚,以至于那个可怕的梦魇深深地根植于你的脑海之中,阻止着你的脚步。于是,曾经的失败压得你抬不起头,挺不直腰板。如果你没勇气摆脱痛苦的困扰你就很可能会被它压在身体之下永无出头之日了。

但是你要知道,你的存在不是为了印证曾经的悲惨遭遇在你身上曾留下了多么深重的痕迹,而是为了要过明天更美好的生活的。所以,就没有必要让自己陷入痛苦的深渊不能自拔。人生毕竟是有限的,是潇洒还是郁闷,关键是看你去怎样对待压力,对待加在身上的不公正待遇。你不能不思进取,而是要保证你每天都在进步而不是倒退,都是在奋斗而不是沉沦。

一位姑娘与男友恋爱多年,可是有一天男友却另结新欢狠心地离她而去。从此后姑娘终日茶饭不思,万念俱灰,觉山水无色,日月无光,前途渺茫,不禁产生厌世情绪,后因自杀未遂而就医于心理医生。失恋,是许多年轻人追求异性时会遇到的挫折,痛苦自然难免,但多数人能从失恋的痛苦中走出来,不会因此而要死要活。这位姑娘之所以痛苦地选择了自杀,是与她对现实的感受产生了偏差有直接关系。

人们对现实的感受,由于受到主观因素的影响,往往总是高估了痛苦的力量。在生活中的一些关键时刻,人们往往把主观感受以外的天地,及尚未感受的世界忽略了。因此,不能客观、准确地认识现实,从而导致情绪和行为上的偏差,产生极度的痛苦感觉。这位失恋的姑娘亦是如此。首先,她忽略了生命的其他意义,爱情在人生中的价值是重要的,但它不是生命意义的全部。忘记这一点,使她在失去男友的同时,也一下子迷失了生活的目的。其实,她没有想到天涯何处无芳草,时过境迁,说不定又是柳暗花明。所以,她用"自杀"这样如此极端的行为,来应付漫漫人生中必定要遇上的千百次挫折中的一次,显然是不恰当的。如果她在遭受挫折不得不忍受痛苦时,能够冷静下来重建对失恋的认识，也许就不会选择自杀了。

由于痛苦的压力所造成的抑郁症状常常是针对失落而发生的心理反应。如丧失了家人或朋友，丢失重要的财物，失去感情上的依赖或希望，事业上遭受打击等等。这些本来都是每个人在生活的道路上都可能遇上的，而性格比较内向的人，对周围世界及自己，都缺乏一种基本的能唤起愉快的心理素质。如果你被错误观念或不正确的认知过程控制了大脑，就会很容易导致了不良的行为和情绪的产生。坠入痛苦陷阱的人，往往精神萎靡，对工作和生活失去兴趣，不能去爱别人和体会别人的爱，常把自己和世人用一堵墙隔离开。在这堵封闭的墙里，不仅拒绝别人哪怕是极微小的帮助，而且还可能用各种方式来惩罚自己。这无异于把自己囚禁在自我封闭的监牢里，沉浸在抑郁情绪的角色里，日日夜夜心神不宁，痛苦不堪。有些极端的人还会在痛苦的压力中沉沦下去，最后只好自我了断结束了只有痛苦没有欢乐的一生。

三毛是一位才华横溢、名满天下、收入极高的著名作家，何以会在48岁正当盛年之时陷入自缢身亡的绝境？悲剧是在瞬间发生的，但其根源却是久远的。

三毛早在13岁时就自杀过一次。自幼性情孤僻、感情脆弱的三毛，读初二时由于代数成绩很差，平时对三毛就十分冷淡的那位代数老师，因三毛做不出习题，用饱蘸墨汁的毛笔在三毛眼睛周围画了两个大黑圈，全班同学哄堂大笑起来。等到下课，老师又罚她从众多同学的走廊和操场绕一圈再回到教室。全校同学看到三毛这副模样，都尖叫起来。这件事发生后，三毛心理上出现了严重障碍，而且一天比一天严重，以致一想到自己要去上学，就立刻昏倒，失去知觉。三毛在1986年所写的《生之喜悦篇》里回忆当时"是因为不能适应学校生活，内心焦虑逐日俱增所致而自杀"。虽被及早发现，但三毛从此患了严重的心理疾病——自闭症。她的性格已变得扭曲成病态，她再也不肯到学校去，越来越怕接触外面的世界，怕接触所有的人。这种自我封闭的生活整整延续了7年，直到20岁，她才又慢慢地重新接触社会。

26岁的三毛出现过第二次自杀。那是从美回台在文化大学教一年书后，因"今生心甘情愿要嫁又不可嫁的人"突发心脏病死去，感情受到挫折，便在朋友家吞服大量的安眠药。三毛被抢救过来后，到了西班牙，与暗恋她的荷西重逢。1973年夏天，三毛与她"生命的一切"的荷西在撒哈拉沙漠结婚了。她成为沙漠里最快乐的女人，过着神仙眷属般的生活。不幸的是：这种幸福生活仅仅持续了6年。就在她创作文思如泉涌的年代，1979年中秋节，荷西在爱琴海潜水时发生意外，丧生于漆黑的海底。三毛看到打捞起来的荷西的尸体时，已经半疯了。三毛的心干枯得像撒哈拉沙漠，她又再次回到"瞬息万变"的可怕境地，从此不能自拔。每次与人说及荷西，她都无不双手掩面，泣不成声。她越来越看破红尘，并常把"死"挂在嘴边。她外表虽然潇洒，而心灵深处却"几乎是一片空白"，总是在寻找与荷西"赴约的方式"。她花心血最多的《滚滚红尘》没能获得最佳编剧，精神再次受到刺激，加速了她悲剧性的结局，两周后的"吉羊"之年的元月四日凌晨二时许，以"自闭"为生命基调的三毛，终于选择了用丝袜结束自己的生命。

三毛是一个悲剧性很浓的人物。由于她性格中的自我封闭、过分敏感、孤独、厌世等缺陷，虽然事业成功，但悲剧性结局使人感到万分遗憾。

平日里，我们是不是产生过以下心理：

①缺少兴趣的日子很不快乐。原有的兴趣爱好如打球、唱歌、郊游、下棋、打牌等变得索然无味，享受不到生活的乐趣，更体验不到天伦之乐。体验不到爱的激情，失去爱的能力。性欲、食欲均会减退，整个人变得麻木不仁，无所爱，更无所求。

②生活突然没有什么希望了。自觉前途暗淡无光，无论自己的身体还是学业、事业一切都变得很糟糕，毫无希望。就好像世界末日即将来临，自己也行将魂飞魄灭，恐惧悄悄地走进了生活的每一个角落，吞噬

着自己的灵魂，不知不觉中削弱自己的信心，甚至使自己连系什么领带、午饭吃什么这一类的小事都无法做出决定，变得无所适从，难以做出决定。比起对死亡的恐惧，更害怕死亡的过程，害怕死神的折磨，很注意身体的每一次疼痛，每一个异常的感觉，甚至将一些生理变化当做是症状而惶惶不可终日。每当想起死去的亲人，想起夺去他们生命的疾病，会莫名其妙地认为自己也患上了这种疾病。

③生活在人群中却发现很陌生。感觉周围的环境好像是一座监狱，不仅孤独，还是一种隔离，觉得自己软弱，孤独无援，没有人能援救自己，一切已无法挽回。更可怕的是根本无心突围，认为那都是徒劳，不可能成功。所有的安慰怜悯都无法穿透那堵把自己与世人隔开的墙壁，任何热情关怀都不能打动自己的心。

④感觉日子过的没什么乐趣更没什么憧憬。不愿去上班，不愿外出与人交往，日常生活如吃饭、洗澡都需别人催促，感到整个人都"垮"了，精神、躯体都丧失了动力，不再有所要求，对生活也不再有指望。

⑤感受不到自己的价值。总感到自己什么本事也没有，什么事也干不了，一无是处，一滩烂泥，是十足的废物，是寄生虫，对社会毫无用处，脑力与体力均消耗殆尽，觉得活在世上是别人的累赘，常自责自罪。

这些痛苦的心理感受，压在心头上使你喘不过气，那是因为失意的挫折感在作怪。如果你想要告别昨天沉痛的记忆，使自己重见暴雨过后的彩虹，应该从以下几个方面着手：

①不论何时都不要给自己寻找借口

当你陷入痛苦中难以走出时，通常都习惯给自己寻找借口。例如："我本来性格内向，不喜欢和别人在一起"或者"生活没意思，又和别人的观点不同，没有什么好朋友可以让平淡的生活精彩起来。"许多抑郁者都有不同程度的观念和认知上的偏差。

应当改变自己的观念，例如，想到自己性格内向时，对自己说：

"性格内向的人也有很多好朋友，也照样活得轻松快乐。"不再为自己找借口，抑郁的情绪就能够得到控制了。

②学会关爱自己

许多心情经常不好的人从来没有感觉精神放松过，总觉得承受的压力很大，所以对自己就严格要求，处理一件很细小的事，这种人也要尽可能地把困难想得多一些。总是自己生自己的气，惩罚自己，看不起自己，甚至虐待自己，这是通病。只要做到了更加爱护自己，其余的一切都会迎刃而解。

③找到逃离抑郁走向快乐高原的传送卷轴

学着宽容地对待自己，而不是苛刻地对待自己；要加倍地爱护自己，而不是惩罚自己。当郁闷的心情向人袭来时，一定要宽厚待己，要尽可能地以普通人的标准来要求自己。

④让心灵重获安宁

意志脆弱的人对待生活总是觉得如同陷入了沙漠，越是茫然，就越找不着出路。如果想要走出痛苦沙漠，你除了要拥有力量以外，还需要智慧来帮忙，你得找到绿洲才能走出沙漠，那么，怎样才能在自己的心灵深处找到绿洲呢？

⑤学会行之有效的放松自己的方法，学习一套技巧并持之以恒。其要点是：注意选好身体的某个部位，比如说你的左手，用力握紧它，然后再放松。你可以用这个方法让身体达到完全的放松。当你注意到身体的某个部位处于紧张状态时，如果脸部肌肉绷着，或呼吸急促，胸口发闷，你就应该有意识地收缩肌肉，然后放松，接着再慢慢地、深深地吸几口气，给心灵减压，心灵的绿洲才会显现。

⑥相信自己也要相信别人

精神脆弱者常认为自己是个坏人、恶人，认为自己为别人所不容。他们不相信自己，不信任自己。他们还会畏惧、憎恨、嫉妒别人，因此他们也不会相信别人。其实，世界的主流是真善美的，人与人之间的交流也多半是真诚和善意的。每个人更应该相信自己，也应该相信别人，只有增强对自己和对别人的信心，才能摆脱抑郁的折磨。

这个世界没什么趟不过的河，迈不过的坎儿。谁没有痛苦不堪、心灰意懒的时候呢？人与人之间是存在差距的，能迅速解决掉"痛苦"这个心理恶魔的人就会更快一点的重新踏上正途，而意志薄弱者却深陷日夜痛苦的迷津之中永远无法解脱。因此，这个世界就有了成功和失败之别，有了勇士与懦夫之分。现在，你想让自己变成哪一类人呢？

6. 打破自卑的外壳，你将收获整个天空

自卑是相对于自信而言的。它是一种觉得自己不如他人并因此而倍受折磨倍感痛苦的情感。在现代社会中，竞争严酷又无处不在，"出人头地"的想法越来越盛行，这就是许多来自普通家庭的人产生巨大自卑感的重要原因。只要有竞争就会有压力，竞争可不管你曾经为了这场比赛花掉多少心血，如果你果然技不如人输掉了，就往往会产生巨大的挫折感而失去对自己的信心，觉得自己的人生从此黯淡无光而一蹶不振。

与此同时你也会成为人家的笑柄，生活的懦夫。因为成功者从不认为自己需要为失败而支付"自信"这个在奋斗中攻无不克的无价之宝。面对挫折、灾难，有人就能从容相待，所以成功就不得不对他俯首称臣。曾经有这样一个犯人，他已经在暗无天日的牢狱中生活了好几年了。这几百天来的禁锢、劳作和回想起自己曾经犯过的错误，他竟怀疑起自己出狱后是否还能像从前那样坦然地面对生活。他不敢想象戴上了"罪犯"的帽子的人被大伙儿在背后指手画脚的情形，也没脸再去见亲朋好友了。他的精神因此而日见疲惫，似乎出狱以后的生活注定要与乞丐为伍似的了。

有一天他在门外晒太阳，仰头望见蓝色的天空，变化奇特的洁白的

云朵，忽然想起了小时候他和母亲、成家后又和心爱的妻子一起站在自家阳台上观看同样景色时的快乐心情。此时，他突然有了一个全新的发现：人在任何环境中，都有选择自己人生命运的自由。后来他出狱了，经过几年的努力终于成了一位有名的作家，并重新找回了昔日的伴侣，开始了崭新的生活。

所以，影响你人生成功和幸福的决不是恶劣的环境和所受的遭遇，而是你对这些事保持什么样的心态。

畏惧与自卑在一个人的成功过程中构筑的障碍物使不少有志之士成为它的阶下之臣，所以，努力让自己看到失败后蕴藏着的巨大生机，而不是畏惧来自四面八方的耻笑和压力，不要受到他人的强势影响而试图改变自己去追赶仿效他人，就不会很轻易的就对自卑缴械投降的。否则的话，你除了感受到自己的无能而为之失去信心外再也体会不到自己的其他价值了。并且，在你对自己的改造过程中，很容易就迷失了自己。

每个存在这个世界上的人都是独一无二的，然而当无法确认自己的专长是什么的时候，一个人最容易对自己失去信心，从而产生自卑感。世上遭自卑感缠身的俘虏或背负不幸命运的人为数不少。其实，这不过是自寻烦恼，是你自己在看不起你。被自卑的压力折磨的痛苦不堪完全是咎由自取。难道不是吗，事实上，每一个人都是天生奇才，重要的是，暂时还没能挖掘出来，是你自己没有信心将这些才能挖掘出来罢了！你看看残疾的舟舟是个对音乐敏感的天才，患有帕金森症的霍金是个物理天才，爱因斯坦从小就被看做弱智，打败了拿破仑的威灵顿将军小时候更是被小孩子们追着打的对象，因为大家一致认为他是个白痴……你有他们任何一个的伟大成就吗？所以，你大可不必为自己是个"不如人"的普通百姓而愁眉苦脸，自怨自艾，徒增烦恼。要知道没准从小爱看星星的你只需要再努力一点就会成为伟大的天文学家的。至少你可以发现一颗从没有人见过的星星然后把它起作你的名字，然后你就可以和它一起"永垂不朽"或者变成流星辉煌那么一下子。

但是，如果你拒绝"自己也是个能人"这种观点，你是得不到重视和成功的。连你自己都看你不起，还指望伯乐走出来指着垂头丧气的你说你是个人才？会让人笑掉大牙的！并且，自卑这个习惯并不好，有时候它会让你的人格扭曲，让你的成功灰飞烟灭，就是这么严重。

有一位企业家曾经谈及有关他公司内一名前途相当看好的年轻人。他说："我准备大力栽培他，但是……我却又不能让他参与任何具有机密性的工作。这实在是一种遗憾——否则，我将能造就他成为我事业上的得力助手。"

故事是这样的：这位年轻人在公司中交往的对象大都是相当优秀的人，而那些人多半具有大学学历，而且在大学时代也都是十分活跃的成员，可是这位年轻人的成功背景并非如此幸运。他自幼生长在贫穷的环境中，没有进过大学之门，也无缘接触大学社团。因此，他总自觉本身的背景、条件远不如公司中的伙伴，当他参与公司重要会议的时候，他就把这些所谓的内幕消息当做法宝向伙伴炫耀，而这种做法也的确满足了他本人的自我表现欲望，同伴对他投以钦羡的眼光，着实令他感到相当有成就感。但与此同时企业家却对他这种做法表示了深深的遗憾。在努力"改造"这位年轻人的"坏毛病"无效后他不得不放弃这个可造之材。

人们在外界的压力下体会挫折，感受自卑。自卑的人总是哀叹事事不如意，拿自己的弱点去和别人的强处比，越比越失去信心，越比越消沉。甚至最终导致心理扭曲。但是，自卑向自信的转化又是无比神奇的，心理学家阿德勒认为，每个人都有先天的生理或心理缺陷，这就决定了每个人的潜意识里都有自卑感的存在。若是处理得当，会使自己以超越自卑的姿态去迎接人生的挑战，而处理不好的话就会被打败在自己的心理压力之下，不仅生活会受到影响，还会产生多种身体疾病。

试着想象一下，以下这些情况是否出现在你的生活里？

①当你做出成绩时，总是习惯于先归功于他人。如"多亏了××，

没有他的帮助我是无处下手的，""这些都是××的功劳，我基本上只是协助了一下……"

②走进豪华饭店，不去点你看中的菜，并不是因为你吃不起，而是觉得自己不配吃那么好的菜。因为你是"村里来的"。

③不买自己喜欢的鲜花、烟酒等消费品，为什么？因为你觉得那是一种浪费。你不配把鲜花插在花瓶里，有束假花就足够了。

④以贬义绰号自称，而且也让他人以此称呼，如笨蛋、胖子、矮子、大傻等等而你毫不在意。因为……这也是事实。

⑤别人说你气色不错，你会想到："他一定是为讨我高兴，才说这样的话的！我还是那么丑的一个人啊。"

……

上面所举的都是些生活中微不足道的小例子，但正是因为这些在你的大脑中牢牢占据了位置，形成了余音绕梁三日挥之不绝的架势才会使你的成功之路上飞来大大小小的砸脑袋的陨石。

那么，如何才能冲破压力束缚下的自卑心理呢？想要获得自信真就那么困难吗？

E·罗斯福说："除非你自己这样想，否则没有人可以使你感觉低人一等。"树立信心的办法有的是，关键是你如何给自己一个正确的评价。这里有以下几方面可以参考一下：

①永远不要轻视自己。用"我"这个词来要求自己追求想要的一切并学会自信。坚信没有你不能得到的东西，不能做到的事情。

②实践。自信是从实践中获得的。第一次骑自行车时你可能会摔倒，但是经过不断的练习，你可以像别人一样成为一名优秀的骑手。关键是摔倒，你是一见自行车就发怵哭着不学了，还是抹抹脸上的土，晃晃悠悠地重新开始。

③向他人学习。尽力去模仿自信人士的姿态、行动、思想和言语。学的多了你就发现会内化成激励自己的一种能量了，这就是榜样的

力量。

④注重外貌。为了使自己感觉良好，为自己购置一些新衣服或者是换一种新发型。不信你可以试一试，穿上新衣服，化好妆走路时头一定比平时抬的更高，这就是自信。

⑤设想自己的成就。思想上对自己计划取得的成绩进行多次彩排。把注意力集中到自己的认识和感受上，甚至是自己所品尝到、闻到以及听到的一切上。来点阿Q精神你也会学会乐观。

⑥一定要从自己的错误中汲取教训。一旦犯错误，不要过分责备自己，而应从中汲取经验教训，千万不要让自己第二次踏入同一条失败的河流。

⑦不要责怪自己。忽视或者挑战自己内心的责备声音："我做错了，我太没用。"积极地对自己说："下一次，我肯定将一切搞定。"这点失败算得了什么！

⑧多与那些使你感觉良好的人来往。避开那些损害自己自信心的人。比如带你一起上街只是为了让你当他的参照物的那些人。

⑨善待自己。不要惩罚自己，学会善待自己并多给自己鼓励。其实有些时候，你不能单纯看到自卑的可怕，也不要因为已经有了自卑心理而觉得恐惧不安觉得生活毫无希望了。可以肯定的说，自卑是会向自信转化的，只要我们有勇气和信心将这种自卑化为鞭策自己人生的动力，就会推动人生一步步走向高潮。

有一个被公认为是全班最胆小怯弱的人。大学毕业时各自挥手告别，许多人预言10年后的相聚他将是最失败者之一。

10年后的相聚如期举行。当年许多意气风发指点江山的同学如今被生活改变成了一言不发的旁观者，许多才华横溢认为一出校门即可拥有一切的同学因苦苦挣扎而终无意料之中的成功有些垂头丧气，只有他——那个被公认为将是最失败者，还是和当年一样平凡得如一粒尘土，不出众，不显眼，也不高谈阔论。

聚会到了高潮，每人依次上台讲述自己的现状和理想，还有对目前生活的满意程度。大多数人目前的现状不如当年跨出校门时的理想，对目前生活满意者几乎没有。

他上台了："我目前拥有数家公司，总资产上亿元，远远超过当年走出校门时的理想。如果说还有什么遗憾的话，就是我认为离那些我所欣赏的成功者还很遥远。是的，无论是在学校还是走向社会，我一直很自卑，感觉每一个人都有特长，都比我强，所以我要努力学习每一个人的特长，并且丢掉自己的缺点。但我发现无论我如何努力也总是无法赶上所有的人，所以我就一直自卑下去。因为自卑，我把远大理想放在心底，努力做好手头的每一件小事；因为自卑，我将所有的伟大目标转化成向别人学习的一点点的进步。进步一点，战胜一个自卑的理由，同时又会发现一个自卑的借口。这样，永远让自己处在自卑之中，我就会获得源源不断的前进动力。"

长久的沉默之后，优秀者或平凡者们才明白了自己竟然失败于自信！因为自信，总认为自己比别人优秀，所以不肯虚心求教，看不到别人的长处；因为自信，目光一直看向远方，却忽略了脚下的道路应该一步一个脚印地走。

学会自卑，为了生命中期望已久的成功。从某种角度说，当自卑化成了谦虚，化成了上进的动力的时候，自卑又何尝不是一种自信呢？

在人生的旅途中创造出美好风景的是你自己的双手。只是盼望有一天自己家"祖坟上冒青烟"，想让好运直接找上你从而带来生活的奇迹和转变的做法是不可靠的。生活中的美好事物犹如深海中夺目的珍珠，你不去找寻不去挖掘它，恐怕永远也不会得到。所以，正视现实中自己的不足，迎接自卑的挑战，战胜失望的危机才是你走向成功和幸福人生的不二法则。

7. 逃离恐慌的魔掌

恐慌虽然不等同于恐惧,但确实也是严重威胁人们成功的一个重要敌人,它给你带来了无尽的烦恼。在别人看来,有时候你真是"成事不足,败事有余",这样的评价使得你无时无刻不战战兢兢,生怕做错了什么事而贻人笑柄。因此,你总是缺乏信心,有些慌张不敢做什么有难度的事情,你已经彻底被恐慌的压力震慑住了。

除非你主动想办法去解决,否则恐慌这个魔头才不会自动消失呢。这就像当你遇到困难和挫折时,别人是不会主动跑来帮你排除烦恼的,你得主动去找能和自己推心置腹谈心的人。只有说出了你的烦恼,你的心头才会轻松许多。你应该多交些朋友,在人生的道路上一同前行,在你摆脱不良情绪的过程中,你所遇到的各种各样的朋友会给你以各方面的安慰和帮助,他们将帮助你渡过难关。

俄国诗人普希金在《假如生活欺骗了你》里这样写道:
"假如生活欺骗了你,
不要悲伤,不要心急。
忧郁的日子里需要镇静,
相信吧!快乐的日子将会来临。
心永远向往着未来,
现在却常是忧郁。
一切都是瞬息,一切都将会过去,而那过去的,就会成为亲切的怀念。"

我们所处的环境中,很多事件可能直接导致压力。但是,我们的绝大部分压力来自于自己。自我产生的压力并非来自于工作等外部事件,而是通过你看待和理解那些事件的方式产生的。压力存在于观看者的眼

中,并非存在于事物本身。它是一个内在的东西,它在你的思维中产生。压力的真正原因在于你如何看待和思考事物。压力的真正起因就是你自己!是你自己对自己缺乏信心,所以才会紧张的难以控制,所以才会抵挡不住内心惶恐的侵袭!

凯瑟琳·赫本在未出道时,曾有一次非常关键的演出,正是这次演出,令她一举成名。但在她准备正式登台前的十几分钟里,她感到了恐慌,觉得自己无法演出,并且认定她的嗓子将会发生问题。她告诉医生说,她觉得浑身瘫软,几乎无法移动双脚。

"怎么回事呢?"医生问道。

"我突然感到很恐慌。以前在演出前通常会感到紧张,但这一次有点不同。"

"不要担心,"医生说,"你是一位真正的演艺专家,你一定能克服紧张情绪的。我袋子里正好有你所需要的东西,这是一种新药,效果又快又好。"

说着,医生从皮包中取出针管,打断一个蒸馏水的小玻璃瓶,并把瓶中的蒸馏水抽到针管中。接着医生给赫本打了一针蒸馏水,并向她保证说,这种特效药马上就会生效。

"坐下来,"医生说,"放松心情。"

几分钟后,她已经很镇静了。"这真是神药呀,我真该吻你一下,向你表示谢意,"她说,"大夫,我觉得很好,真是太感谢你了。"

她登上了舞台,完成了一次精彩的表演。

后来在庆祝演出成功的宴会上,医生走过去向她道贺:"你知道吗,这是你最精彩的一次演出。"

"谢谢你。"赫本说。

"不,应该感谢你自己。努力的是你,而不是我。我给你注射的只不过是一瓶蒸馏水而已。"赫本大感惊诧,然后不禁哈哈大笑。

赫本在她的成名之夜感受到巨大的压力,这种压力几乎使她功败垂成。富有戏剧性的是，解除她巨大压力的良药，竟是一针管蒸馏水。

没有什么比希望更能改变我们的处境。当我们处于霉运的时候，当我们面对失败的时候，当我们面对重大灾难的时候，我们都应该将人生寄托于希望。希望会使我们淡忘眼下的痛苦，给自己的人生插上重飞的翅膀。

高太太是一个很不幸的女人，由于命运的安排，她几乎经历了一个女人所能遭遇的一切不幸。然而她却用一颗满盛着希望的心灵演绎了一个幸福美丽的人生。18岁时，她嫁给了中学时热恋的同学，刚结婚不久，丈夫外出做生意，便如同飞出的黄鹤，一去不返。有人说他死在了响马的枪下，有人说他是病死他乡了，还有传说他被一家有钱人招了养老女婿。当时，她已经怀上了孩子。

丈夫不见踪影几年以后，村里人都劝她改嫁。没有了男人，孩子又小，这寡居生活到什么时候是个头？她没有走。她说丈夫生死不明，也许在很远的地方做了大生意，没准哪一天发了大财就回来了。她被这个念头支撑着，带着儿子顽强地生活着。她甚至把家里整理得更加井井有条。她想，假如丈夫发了大财回来，不能让他觉得家里这么窝囊、寒碜。

这样过去了十几年，在她的儿子17岁的那一年，一支部队从村里经过，她的儿子跟部队走了。儿子说，他到外面去寻找父亲。不料儿子走后又是音信全无。有人告诉她说儿子在一次战役中战死了，她不信，一个大活人怎么能说死就死呢？她甚至想，儿子不仅没有死，反而做了军官了，等打完仗，天下太平了，就会衣锦还乡。她还想，也许儿子已经娶了媳妇，给她生了孙子，回来的时候是一家子人了。

尽管儿子依然杳无音信，但这个想象给了她无穷的希望。她是一个小脚女人，不能下田种地，她就做绣花线的小生意，勤奋地奔走四乡，积累钱财。她告诉人们，她要挣些钱把房子翻盖了，等丈夫和儿子回来的时候住。

有一年她得了大病，医生已经判了她死刑，但她最后竟奇迹般地活了过来。她说，她不能死，她死了，儿子回来到哪里找家呢？这位老人一直在村里健康地生活着，今年已经满百岁了。直到现在，她还做着她的绣花线生意，她天天算着，她的儿子生了孙子，她的孙子也该生孩子了。这样想着的时候，她那布满褶皱与沧桑的脸上，即刻会变成像绣花线一样绚烂多彩的花朵。

这位老人，怎能不使我们感慨万千呢。一个希望，一个在世人看来十分可笑的希望，在她的一生当中，执著地支撑起柔弱的心灵和脆弱的生命。正是由于她觉得自己的相思无错，等待无错，才会在人们的扼腕叹息中坚强的等待。她的人生是从容而淡定的，并不惶恐，因为有一个值得她为之付出所有的信念支撑着她在苍茫的人间走了几十个春秋。有时候，宽容可以战胜恐慌，对生活宽宥一点，对自己厚道一些，内心就无所畏惧，也就容易成就所向无敌的刚毅品质。

在《辽宁青年》的"语丛"栏目中，有这样一句话："假如上帝在你面前撂下了一座山，那么你绝不要在山脚下哭泣！翻过它就是了！"多么富有哲理的话呀！我们确实要用希望的力量来武装自己，勇敢地去翻越面前的那一座座生活的险峰。

人生之路，一帆风顺者少，曲折坎坷者多，成功是由无数次失败构成的，正如美国通用电气公司创始人沃特所说："通向成功的路即把你失败的次数增加一倍。"

如果让自己沉溺于以往失败的经历中挣扎不出，就会在今后的工作生活中更容易的被恐慌的压力控制住。因为当你做某件事的时候，恐慌这个东西总是悄悄地对你说你曾经在这个地方跌倒过，怎么能成功呢？所以你就认输了，不敢再去尝试，其实，就算跌倒了又怎样？还能让那个经历在心底一生一世永远压得自己抬不起头来吗？爬起来拍拍身上的土装作没看见，脸皮厚一点，你的身体照样完好，能有什么损失呢。

围棋大师聂卫平经历过无数鲜花，无数奖杯，但你是否知道，他同样也拥有过失败和失利。只是他没有被失败的恐慌战胜过，所以他成功了。

1982年，对聂卫平来说，是很不幸的一年。3月，在北京举行的全国比赛中，他败给了邵震中，丢掉了决赛权，退居第四名；7月，他又败给了马晓春、刘小光，丢掉了"国手战"冠军；8月，在承德举行的"避暑山庄杯"赛中，他又名落孙山。由于聂卫平的接连失利，围棋评论界已有人预言："聂卫平时代将要过去。"那么聂卫平又是怎样面对失败的呢？聂卫平在他的自传《我的围棋之路》中曾有过一段十分坦诚的表白："我是不大会因失败而垂头丧气的，而是每输一盘棋，就想方设法去赢回10盘来，不但现在是这样，以前水平不高的时候也是这样，在被陈祖德、吴淞笙让三子时，每次输棋，我都憋足了劲，要在下一次赢回来！"

在个人的失利面前聂卫平总是表现出一种不屈不挠的拼搏精神，那么在中国围棋曾一度落后于日本围棋这个客观事实面前，他又是怎样对待的呢？

聂卫平曾说过这样一段话：

"1973年以阪田荣男九段为团长的日本访华代表团，竟把我们杀得狼狈不堪。当时，对于绝大多数中国棋手来说，曾获得过几十个大小棋战冠军头衔的阪田荣男九段，简直就如一尊棋界的战神，至于说要战胜他，更是许多人想都不敢想的事，虽然那时我连上场和阪田九段交手的机会都没有，但看看比赛中的阪田荣男穿着拖鞋，悠闲地在赛场内来回地巡视的状态；看看他漫不经心略微扫一眼棋盘就随手丢下一子的傲然举动；看看与他对阵的中国棋手对此只有抱头苦思的情景；便感到有一种说不出的压抑。尽管凭资历、声望、实力，阪田九段有这种表现也无可指责，但是我相信当时有志气的中国棋手都会觉得脸上无光。也许从那时起，我心中的目标突然变得明确了：努力奋斗，一定要战胜日本最强棋手，打败日本的冠军。"

是的,聂卫平就是凭着这股不甘心失败的精神而成为超一流的棋手的。

面对失败的恐慌,惟有乐观积极的心态,才是战胜它进而走向成功的利器。那么,人们应该怎样打败内心因失败和经验不足带来的恐慌感觉呢?①坚忍不拔,不因挫折而放弃追求;②注意调整、降低脱离实际的"目标",及时改变策略;③用"一定成功"来激励自己;④采用自我心理调适法,提高心理承受能力;⑤努力完善自己,资本在手无论什么情况都会感到很踏实,也就不会有所畏惧了。

要使自己不成为"经常的失败者",就要善于挖掘、利用自身的"资源"努力弥补自己心理素质上的漏洞。虽然有时这种改变是一个痛苦的过程,但是,只要你有勇气同内心作战,不断完善自我,总有一天你会"艺高人胆大",再也不会惧怕什么了!

第四章 别让压力毁了工作和事业

对人们而言，工作是一种必需品，只有工作着，生命才不会毫无意义地随着时光而逝去。在现代社会，数十亿的人们若想在与自然、与高科技的竞争中获得一席之地，就必须承受更大的压力来工作以期换得"永恒"的资本。

但是，"水能载舟，亦能覆舟"，在压力之中，要么你可以一鼓作气扶摇直上，要么一败涂地全军覆没。个中关键是，让压力成为工作和事业的生命之源，而不是挡在你前进道路上的巨石。

1. 职场压力剧正在上演

当有人问你,"5年后你会怎样?"你的反应应该是茫然地摇摇头,眼睛里写的都是疑惑。是的,在现在这个社会里,没有人能确定自己5年后是什么样子,会在哪儿,会有怎样的生活。"不是我不明白,这世界变化太快"。事实就是,只要你喜欢,你就可以让地球在第二天的清晨醒来时突然发现认不出自己来了!

想一想没有快乐的田园生活了,你不能再依靠祖传的手艺了,没有铁饭碗的岗位了,你不能再老老实实的尽职尽责。今天的你我只能是拼命的为柴米油盐酱醋茶而奋斗的"可怜人"。生活的舒适意味着你必须为此付出更多时间和更多精力,因此,你终于成为工作的奴隶,并且,成为机器的奴隶。

历史再一次地嘲弄了人类,在从人压迫人的时代走出之后又不小心陷入了社会压迫人的时代。不过,如果你能融入你身边的社会环境中并且聪明地与之保持平衡的话你就能生存下去,并且能够满足你平凡的心灵。没有人期望你有一天可以凌驾于社会和时代之上那么伟大。所以,你只扮演好自己的角色就可以了,毕竟大家都是普通人。

物竞天择,适者生存。在同样的工作状态下,选择成为强者就选择了成功的人生。然而,首先要清楚的是,真正的敌人不是别人,是你自己,只要战胜内心的恐惧、懒惰、无知和荒芜,灿烂的生活迟早会迎接你的光临。所以,和自己做个较量吧!

2. 挑战你自己

纵观人生，每做一件事情都要面对一种压力。身处职场上的你，是选择迎难而上还是知难而退呢？同自己竞争，同懦弱竞争，不仅是一种人生态度，更重要的是它会成功完善自我和成为助你青云直上的东风。

当奥运会运动员站在世界第一名的颁奖台上时，只有片刻的欣喜和安慰，随之铺天盖地而来的是一种比以往任何情况都沉重的巨大的压力。他们明白，现在的NO.1并不等于像化石那样定格了、成型了。而是随时都有人准备与之竞争，一决高下。这个时候，如果他们对自己的要求哪怕有丝毫的懈怠，都会从天堂跌到地狱。当没有人可以与他们争锋时，就必须同自己竞争才永远不会被淘汰。只有压力才是促使自己成为更加优秀的一员的不竭动力，否则，等在前头的就是死亡而不再是成功和快乐了。

和自己竞争，不是要让你当工作狂也不是让你将身、心、情感和精力通通消耗殆尽，而是说你要敢于向自己挑战，敢于向自己已成为历史的成就或是失败挑战，要让自己在一个积极的状态下向高处发展逐步走向更完美的人生。

加州大学洛杉矶分校的传奇教练约翰·伍登在上个世纪60年代中期到70年代末的14年内，领着他的弟子在大专杯比赛中捧回了10次冠军杯。信不信由你，这位超人教练并没有什么魔法"点化"那些略有才华或是本来对篮球一窍不通的稚嫩青年，而他在自己的内心中，一次又一次地将自己作为竞争对手，一次又一次地同自己过去的辉煌在较量。与此同时，他的训练方式也沿袭了这个做法，他从不要求队员们看待其他球队怎样怎样，只要他们全心全意地尽自己最大努力去练习，去超越每一个阶段上的自己。

所以，他成功了，他的队员也成功了。奇迹并不总是幸运地光顾他的生活，而是他引领着自己走向人生的一个又一个奇迹。

道格拉·拉赫在他的诗中写道：

如果你不能成为一棵大树，那就当丛小灌木。

如果你不能当一丛小灌木，那就当一片小平地。

如果你不能是一只麝香鹿，那就当尾小鲈鱼——但要当湖里最活泼的小鲈鱼。

我们不能全是船长，必须有人当水手。

这里有许多事让我们去做，有大事，有小事，但最重要的是我们身旁的事。

如果你不能成为大道，那就当一条小路。

如果你不能成为太阳，那就当一颗星儿。

决定成败的不是你尺寸的大小——而在于做一个最好的你。

"塑造一个最好的你"，这就是人们不断超越自我的目标，你只要意识到自己是世界上独一无二的人物，坚信自己拥有"无限的能力"与"无限的可能性"，就可以建立起理想的自我蓝图。

或许你看到这里会想，做一个理想的自己和现在所面对的压力有什么关系呢？当然是有的。当你在不断努力，不断使自己向着对自己满意的状态发展时，工作中的阻力就会越来越小，压力也会随之减弱。如果你曾经取得了伍兹或是迈克尔·乔丹的成就，你在人们心目中永远是最好的那一位时，又有什么压力敢侵犯你呢？

当然，还有另外一种情况，就是与自己竞争的结果最终消弭了竞争。你说，天啊，这是不可能的，多么荒诞的观点啊，可事实确实如此。如果你不断开拓属于你的领域，做个一流的自己，就不会再有竞争也不会有压力了。

看看，一位房地产商是这样做的。

杰克在芝加哥从事房地产生意，但他很少看报纸上的广告。他说，等到需要靠刊登广告销售时就已经太晚了：会有太多人出价，而那么多竞争者表示那不可能是笔好交易。杰克怎么成为亿万富翁的？他和自己竞争。他将芝加哥地区所有重要建筑的资料都详细建档，几年之内他的资料库就非常可观了。

他的资料库包括：房屋面积大小与周边相邻建筑物的风格、作用等细节。有时他看准了就向一些房地产的拥有者出价，而那些拥有者根本没想过还会有人对他们的房地产感兴趣！就这样，他以非常划算的价钱买下了许多房地产，因为根本没有其他买主和他竞争。

杰克坚持，不论你从事什么产业或职业，只要睁亮眼睛，机会就会出现，而且少有竞争。结果你就会从中获利，体会到成功的价值和快乐。

还有一个故事也许能给你更明显的启示：

美国历史上重要的作曲家之一柏林，在他刚出道的时候，一个月收入只有120美元。而当时的奥特雷在音乐界已如日中天，名气很大。奥特雷很欣赏柏林的能力，就问柏林要不要做他的秘书，协助他处理一些工作，薪水在800美元左右。但是与此同时，正直诚实的奥特雷对他说，"如果你接受的话，你就可能会变成一个二流的奥特雷；但如果你坚持保持自己的本色，总有一天会成为一个一流的柏林。"柏林接受了这个警诫，后来他慢慢地成为那一时代美国最著名的作曲家之一。

其实，每一位成功者最终能功成名就，并不是有多出色的智商，多么幸运的机会，而是选择与自己竞争，保持了自己的本色，并把它发挥的淋漓尽致。在这个世界上你是独一无二的，所以你必须与你自己开战，必须有一个自己的活法，必须拿出对抗各种各样压力的特有的资本。而这些资本出现的前提就是，发掘你自己。

工作中是不可能不存在压力的，选择逃避不如选择接受风浪的考验。你让自己变的愈加坚强，愈加坚不可摧，压力就对你起不到丝毫作用只能乖乖地躲开了。相反，如果你自怨自艾，总是跟在别人的脚步之后或者干脆放弃努力随波逐流，你就只能永远扮演在工作的重压下苦苦挣扎的小人物角色。因此，决定命运之剧如何上演的导演，其实就是你自己。从现在开始，试着这样做：

①翻翻以前的日记，看自己曾经有怎样的梦想，试着去一一实现它。

②至少在你自己的岗位上要做到"更好"，让自己成为同行内的佼佼者或者是公司不可或缺的人。

③随时记录下你脑中的闪光点，没准什么时候就能派得上用场。

④树立对自己的信心，随时准备接受竞争和挑战，不要让压力破坏了你坚持自己正确方法和路线的决心。

⑤承受不住压力时看看名人传记，喝杯绿茶放松两天，看着成功人士是怎样挑战自我最终获得辉煌的。

⑥健身，别让压力搞垮了身体，否则一切都完了。没有人能逃避压力而获得成功，如果想要取得自己人生的辉煌最好的办法就是向自己发起挑战。这样，既减弱了外界压力的袭扰，还能在战胜自己的信心中找到成功的自豪感。一个人最大的敌人是谁，是压力吗？不，是自己。只有在这场对抗中获得胜利，你才能够以傲视一切的坚定姿态向更高难度的工作发起冲锋。

3. 失败的下一站是成功

在职场上，从未有人不曾体味过失败的苦涩，失败是献给人生的艰难又重要的一课。无数次失败的尝试后破茧而出的那一只勇敢的蝴蝶，双翼上洒满的是太阳璀璨的光芒，从此世界就属于它。

从某种意义上来说，人生就是在失败与挣扎中求生存的综合体。你也许会认为，失败只是匆匆过客，可以毫不在意；也许会认为失败了，天塌了，一切都完了；也许会觉得，失败算什么，下一次保准你不会再犯这样的错误了！人生几多风雨，但相信过后总有彩虹。古代寓言里也曾告诫我们"塞翁失马，焉知非福"，因此，如何看待失败，如何攻克失败这道难关，就是衡量一个人最终是否能从渺小走向伟大，从失意走向成功的重要标志。并且始终坚信，在失败的压力面前仍然能昂首挺胸的人，才是值得拥有世界的人，也只有他们，得到了毫不吝啬地将名望、财富、地位、智慧赐予他们的上帝的欣赏。

以下是一个人的简历：

22岁生意失败；23岁竞选州议员失败；24岁生意再次失败；25岁当选州议员；26岁爱人去世；27岁精神崩溃；29岁竞选州长失败；34岁竞选国会议员失败；37岁当选国会议员；39岁国会议员竞选连任失败；46岁竞选参议员失败；47岁竞选副总统失败；49岁竞选参议员再次失败；51岁当选美国总统。

这个人就是亚伯拉罕·林肯。几乎全世界的人都认为他是美国历史上最伟大的总统。如果你认为自己是一个做事害怕失败的人，认为不做是最保险的方法，因而一事无成。看了林肯的简历之后，你可以重新考虑自己的想法了。的确，"失败"是个消极的字眼，但是不可避免，我们每个人在人生的道路上，都会或多或少地遇到它。

我们之所以会害怕失败，是因为我们或许从未想到过自己走向成功。爱默生说："一心向着自己目标前进的人，整个世界都给他让路。"勇敢地向着自己的方向，不惧怕失败所带来的心理和生理、生活的压力，以积极的心态去对待，还有什么可怕的呢？有时候，失败的压力可是事业取得成功的重要因素呀！

一位泰国企业家玩腻了股票，他转而炒房地产，他把自己全部的积蓄和从银行贷到的大笔资金投了进去，在曼谷市郊盖了15幢配有高尔夫球场的豪华别墅。但时运不济，他的别墅刚刚盖好，亚洲金融风暴开始肆虐了，他的别墅卖不出去，贷款还不起，这位企业家只能眼睁睁地看着别墅被银行没收，连自己住的房子也被拿去抵押，还欠了一屁股的债。

这位企业家的情绪一时被突如其来的巨大压力压得低落到了极点，他怎么也没想到对做生意一向轻车熟路的自己会陷入这种悲惨的境地。

他决定重新白手起家，他的太太是做三明治的能手，于是就建议丈夫去街上叫卖三明治，企业家经过一番思索答应了。从此曼谷的街头就多了一个头戴小白帽、胸前挂着售货箱的小贩。

昔日亿万富翁沿街卖三明治的消息不胫而走，买三明治的人骤然增多，有的顾客出于好奇，有的出于同情。许多人吃了这位企业家的三明治后，被这种三明治的独特口味所吸引，于是经常光顾，回头客不断增多。现在这位泰国企业家的三明治生意越做越大，他慢慢地走出了人生的低谷。

他叫施利华，几年来，他以自己不屈的奋斗精神赢得了人们的尊重。在1998年泰国《民族报》评选的"泰国十大杰出企业家"中，他名列榜首。作为一个创造过非凡业绩的企业家，施利华曾经倍受瞩目，在他事业的鼎盛期，他认为自己尊贵得像城堡中难得一见的皇帝。然而，当他失意时，习惯了发号施令的施利华亲自推车叫卖三明治，无疑需要极大的勇气。然而，他顶住了压力，做到了，因此，他成功了。

人的一生会碰上许多挡路的石头，这些石头有的是别人放的：比如金融危机、贫穷、灾祸、失业，它们成为石头并不以你的意志为转移；有些是自己放的：比如名誉、面子、地位、身份等。它们完全取决于一个人的心性。生活最后成就了施利华，它掀翻了一个房地产经理，却扶起了一个三明治老板，让施利华重新收获了生命的成功。

在人生的事业之路上，我们遇到了太多可怕的巨石，使我们一次又一次地堕入失败的苦难深渊。但是，面对困境，如果你以百折不挠的意志去对待，相信天生我材必有用，你就会顺利地从痛苦的束缚中挣脱，将自己的生命之舟驶向更加美丽的成功的彼岸。

人生难免起起伏伏，没有经历过失败的人生并不完整。没有狂风暴雨的震撼，哪里来的大树的挺拔身姿，没有砂粒的磨砺，哪里会有珍珠的华彩。正因为有失败、有挫折，世界才会选择投入谁的怀抱。是勇士：就要承受住压力，经受住考验；是勇士：就要顶得住失败，扛得起人生。

"天将降大任于斯人也，必先苦其心志，劳其筋骨，饿其体肤，空乏其身，行拂乱其所为，所以动心忍性，增益其所不能。"

"岁寒，知松柏之后凋也。"……

人在逆境中更容易发奋崛起，周恩来为中华之崛起而读书。压力造成了无数悲剧，同时也造就了许多人才。科技发达的现代，许多人都不清楚每天忙碌着是为了什么。安逸的生活让很多人失去了理想的方向，许多人沉浸于幸福的生活无法自拔。压力就如同警钟，唤醒了那个沉睡已久的梦想，激发了人们前进的动力，从而为国家为社会尽上自己的一分力，使晚上的街道旁少了一些流浪汉。

苦难对于天才是一块垫脚石，对于强者是一笔财富，对于弱者是一个万丈深渊。

这便是需要历练的成功！

当你正遭受不幸，忍受失败和挫折的痛苦时，你要静下心来，认真地为自己做一些调整，尽快从这种痛苦中解脱出来吧。

①应该向他人（朋友们）倾诉你遭受的挫折、心中失意和今后打算，改变内心的压抑状态，以求身心的轻松，从而让自己对未来有信心。你要坚信：当你把烦恼倾诉给一个人时，你的烦恼就减轻了一半。

②学会自我宽慰能容忍失败，要心怀坦荡，情绪乐观，发奋图强，满怀信心去争取成功。

③失败无可避免时应进行冷静分析，从客观、主观、目标、环境、

条件等方面，找出受挫的原因，采取有效的补救措施。尽量降低自己的压力。

④原先预期的目标受挫，可以改行别的途径达到目标，或者改换新的目标，获得新的胜利，即"失之东隅，收之桑榆"。

人在落难受挫之后奋发向上，将自己的情感和精力转移到有益的活动中去，使之升华到有益于社会的高度，这也是人的一种心理防卫机制。

⑤应善于化压力为动力，遇到挫折和失败或即将遇到挫折和失败，会面临很大的心理压力，在这个时候，你是承认自己的失败和无能，还是奋起继续勇敢地坚持自己的理想？这是一个很大的考验。很多名人、伟人在挫折和失败面前，从不低头、气馁，而是善于化压力为动力，坚持从逆境中奋起。他们成功的经历值得我们大家去深思、去学习。

不要让失败阻止了你事业的前进步伐，如果你的工作是只木舟，就让失败这场暴风雨来检验它的牢固程度吧！只要在压力之中你仍能昂首挺胸，失败，又算得了什么？

4. 不要替工作做牛做马

在竞争如此激烈的社会里，人们无时无刻不绷紧了一根弦：努力工作，仿佛如果他们稍有松懈停下来时，就会被淘汰掉一样。其实，这只是一种不必要的压力而已，只有首先懂得从外在压力之中解脱出来，给自己安排一个合理的规划你才能在未来的竞争中获得胜利。

回忆一下自己每天的状态：

除了节假日（有时也包括），你是否从来都是天还未亮就离开家去赶早班的公交车？

上班的日子里，你几乎从不奢望在正常的下班时间，比如16：30

和17：00，17：30能离开公司？

最近你加班加点的时间越来越多了，甚至不得不把工作带回家来做，可是除了疲惫你没有丝毫的成就感？

回到家中，你还有精力和自己家人聊天吗？

你的颈椎和腰部是否在最近时常酸痛呢？

你失眠吗？或者干脆把脑袋搁在办公桌上就算"睡"了一夜。

除了对你的电脑或是网络游戏产生兴趣外，你再也不希望走出家门或邀请朋友一起聊天、旅游了。

如果对于上述的问题，你已经有了明确和肯定的回答，哪怕只有一两条，我也可以告诉你，你工作的已经太多了。

也许你会无奈地说，我受雇的是属于高度竞争的行业，如果不超时工作的话就无法赢过别人，无法在职业竞争中获得一席之地，所以就必须全力以赴，别无选择。可事实是，你有所选择，却不得不这样做。工作的过多意味着你要投入更大的体力和精力。如果总是陷入繁重的工作中挣脱不出，早晚有一天你的精神和身体会同时抗议甚至崩溃，这决不是危言耸听。

在工作中，你是不是总是感觉到胸闷、心悸或者一种疼痛突然地涌上心头？你是不是精神恍惚，记不清什么好像十分重要的东西？你是不是疲劳的每天依赖药物和补品才觉得生命得以维持下去？你是不是总是一不小心就在自己的指头上切个小口子却过一会儿才发觉疼痛？

看，你因工作的压力过大而表现出来的生理现象有多可怕！如果你不及时留心自己的这些身体警报，总有一天会有惨剧降临在你的身上。到了那个时候就难以挽回了。

清算一下你的工作任务和时间，真的有值得为它们牺牲所有之处吗？是不是你对自己有太多的要求呢？还是原本你的老板就要求你成为他们的工作机器？

对待前两个问题你需要坐下来重新审视一下自己，考虑一下到底不满足和有所需求的地方在哪里。至于最后一个问题你要毫不犹豫地炒了这位老板的鱿鱼，另找新东家或干脆为自己卖命，因为把身家性命放在自己身上要划算得多。

在职场上，想要让自己永远像个不知疲倦的机器人，你干脆直接喝汽油算了。一个人，有的只是血肉之躯，不是钢筋铁骨。消耗生命是件太容易不过的事，不过，壮烈"牺牲"在繁多的工作下，响应"过劳死"的号召真的是做了一件愚蠢至极的事情。

当你的伴侣、同事和朋友对你说"伙计，别那样，放轻松点"时，拜托，千万要接受。如果你真的不想被压倒在工作之下。

几乎没有人是天生的工作机器。如果工作程度果真超出了自己的承受范围时，聪明人是不会让自己拼命去赶上进度和步伐的。相反，他们却想方设法让工作跟上自己的节拍。实在不行，干脆放弃，"以退为进"，反思自己，选择另一条路。他们懂得，惟有暂时放下一些东西才会有所收获，错过太阳，你照样可以得到整个星空。

曾经有个年轻的建筑师，每天不得不拿出自己全部的时间和精力来完成老板交待的看起来似乎永远都做不完的工作任务。他用尽了心思，但却无法从自己的作品中得到任何快乐和成就感，相反，总有要崩溃的感觉。原因是无论他如何努力，他都无法超越前辈们出色的建筑设计，只能跟在大师后面亦步亦趋。

在他沮丧了一段时间后决定放下手头繁多但收入丰厚的工作，带上所有积蓄去游览全世界的著名建筑。

当他跋山涉水走过一个又一个城市，游览了一个又一个国家的雄伟建筑，最后来到金碧辉煌的泰姬陵时，他被彻底地征服了。

从此后，他的灵感如泉水般喷薄而出，完成了一个又一个的出色的建筑设计。

这个年轻人也因他的这些心血的结晶而闻名于世了。

人们在工作中如果要有所得，就不要给自己背上过多的包袱。否则，当连你自己都觉得自己是一部机器而不是人的时候，别说还有什么发展前途，你基本上已经完了。

我们常常认为自己能胜任，能做的更多，能人所不能，凭这点也可以让老板对你青睐有加。可是你错了，当生命被繁重的工作圈固起来时，外面的世界也就不会对你美好的微笑了。你会在一点一滴地浪费自己的时间。如果你有清醒的头脑挣脱出来时，会惊奇的发现，世界或许会变的有你努力的方向了，那么，为什么不趁现在去求得更大范围的发展呢？

现在，让我们深呼吸一下，对待面前堆积如山的工作，要这样：

①确认工作的重要性，挑选值得自己为之付出心血和汗水的工作扎扎实实地认真完成，"不合格"的统统靠边站。

②繁琐的工作要么请求别人帮忙完成，要么用"比赛法"将它解决掉。即你准备上午完成多少，下午要比上午完成得多，第二天上午要努力比昨天全天完成的多……这样的话，用不了多久恼人的活儿就会向你缴械投降，然后你就可以不动声色地腾出一大块时间用来休息了！

③重新研究你的工作周期，选择今天最有精神的时间去完成工作，以保证高效率，并且不要轻易放弃这个周期。

④找到真正适合自己的公司。你要对你自己负责而不是替公司卖苦力。

⑤学会对老板说"不"。当老板看到你已经把日程表安排得满满的他（她）就不会经常让你做这做那了。当然，如果他（她）没看到的话就要主动让他们知道。

对繁重的工作说再见吧，要知道，工作的数量并不能让你快乐，要紧的是它的质量令你是否满意。学会放弃，学会选择，你离你的人生目标就会更接近一步。别把自己迷失在多做了工作的压力之中了！

5. 让兴趣做主

你需要知道的是，据调查资料显示，在成功人士当中，有90%的人从事的是他们喜欢的工作。假如你现在并不满意你的工作和生存的状态，试着从事你所感兴趣的工作吧！哪怕一切都要从零开始。

不得不承认，我们所处的这个时代虽然不像科幻电影里所呈现的物欲横流、信息、机器操纵一切的情况，但也基本开始向它靠拢。上世纪八九十年代的思维模式、办事方式、道德观念等像尘封在泥土中已若干世纪般的遥远。所以，很少有人在上大学进修时放弃了自己感兴趣的专业，甚至有一部分"天之骄子"根本不知道在生命的头二十来年里自己究竟对哪一种行业产生过兴趣。他们像株刚挺起身姿的小树，任凭父母拿着剪刀修剪自己的枝干——决定他应该向哪个方向发展。父母的想法做法并没有错，他们要将自己的孩子推上最赚钱的行业，以免长大成人后购买不起水涨船高的房子和其他奢侈品。

当这些学生从世外桃源般的校园走出后，一部分人不能投身到自己花了几年心血研究的学问当中，而是改头换面去适应"天下熙熙皆为利来，天下攘攘皆为利往"的市场，而另一部分人则在努力追寻自己的梦想中苦苦挣扎。可以说，在这个热门横行，一切基本都要为赚钱让路的时代，委曲求全成为现代人才市场上屡见不鲜的事。但是，大多数从事自己并不十分中意的"热门"行业的人没有崛起，而是陨落了，默默无闻了。真正获得成功的，是那些对自己所从事的行业怀有满腔热情，愿意为它而奉献一切的坚定追随者。

一位心理学家指出：如果我们仅把工作作为一种谋生手段时，我们不会去重视它、喜欢它，甚至热爱它。而当我们把它看做是深化、拓宽自身阅历的途径时，每个人都会从心底里重视它。因为那样工作带给我们的,将远远超出其本身的内涵。工作已经不仅仅是工作,它们是对生活方式的一种选择。它成为生活的一部分,为我们构筑一段丰富而有意义的人生。

毕加索说:"我工作时,觉得舒服自在;无所事事或谈天说地,令我困倦。"

风靡欧美的《简单生活》一书的作者丽莎指出:"……每天都给自己一段独处的时间,好好问问自己,到底想过什么样的生活?什么是可有可无的?什么是必须去不懈追求的,这样的追问可以一直延续下去。还可以把每天的想法记录下来,这样你会看到,随着生活阅历的增加,思考的深入,你的回答也在不断地成熟。只要我们不再一味追求外界的认可,疲惫无奈地生活在他人的注视之下,我们就会真诚地生活,成为自己命运的主宰者。"

这些话是每一位正在郁闷地工作着的并且找不到自己努力方向却又梦想着有一天会获得成功的人们所应记得的。

安娜曾是一位律师,她在夏天的时候去找住在意大利的姐姐。由于没什么事好做,她姐姐建议她去拜访隔壁的雕刻工作室。安娜那时虽然完全不懂得雕刻艺术,但是却从此找到了真正可以改变她一生的兴趣所在。出于巨大的热情,她开始频繁地出入雕刻坊,学习所有和雕刻有关的知识。此后,她一边从事日常工作,一边利用休息时间进行雕刻创作。渐渐地,雕刻在她生活中所占的位置越来越重要,各种各样的材料和工具把她的房间挤得满满的,以至于她不得不在家里开设工作室。她的努力很快就得到了回报,她的作品不断出现在最新的艺术展上,还有不少艺术馆要求收藏。最后,她辞掉了事务所的工作以全力投入雕刻。现在,她已是一位很有影响的艺术家了。

安娜做了自己喜欢的工作,不但避免了日常工作中繁琐的任务所给她的生活带来的巨大压力,而且,她逃离了压力的控制。这并不是说逃避,而是如果你喜爱你当前的工作,把它当成一种乐趣、一个游戏,每天沉浸其中，它就不会对你的生活造成丝毫的威胁和损害。相反，你会从中找到人生价值的真正意义所在。如果是这样，你还有什么心思和时间去考虑是否生存在无休无止的压力之中呢！

很多人为了自己所从事的工作烦恼不已。并不是因为它所带给这些人的薪金不够丰厚，而是他们每天十几个小时的工作，这种连轴转的巨大压力使他们不能享受家庭的放松快乐，不能好好地体会一下亲情和爱情的美好滋味。在这些人心中，是永远无法找到一个平衡点的。绝对不能放弃工作，因为工作等于支票和金钱，为了能够买到足以向别人夸耀的奢侈，宁愿放弃享受生活的念头。这样的人总是抱怨工作很累，生活更累。这种情况至少说明一个问题，人们不能投身到自己所从事的行业中，压根儿就不热爱它，也就容易为它所累，活的痛苦。其实，从你决定离开家庭，走出父母温暖的羽翼那一刻起，就应该明白自己究竟想要什么。很可惜，大多数人却是糊涂的像一锅粥。

大余的父亲开了一家饭店，他把高中毕业后准备入大学进修的儿子叫到店中说道："希望你将来能接管这家饭店。"但大余不喜欢这种工作，所以懒懒散散的，提不起精神，只做些不得不做的助手工作，其他工作则一概不管。有时候，他干脆"缺席"。他父亲十分伤心，认为养了一个没有良心又不求上进的儿子，使他在员工面前丢脸。有一天，大余告诉他父亲，他希望做个篮球手——到为大学篮球队专心服务。什么，一切又从头开始？这位老人十分惊讶。不过大余这时坚持自己的意见。他穿上自己的队服，从事比饭店更辛苦更需要力气，在别人看来很难的工作，训练的时间也更长。但他竟然快乐得在训练中吹起口哨来。他选修篮球课程，研究技术和理论，而当他在1994年去世前，已是举世闻名的篮球教练了，培养了无数出色的篮球队员。如果他当年留在饭店不走，他和饭店——尤其是在他父亲死后——究竟会变成什么样子呢？

人们总是花费大量时间在自己并不喜欢的事情上，并向世人展示自己的一种貌似积极的形象，也许内心的空虚是难以言述。当挂着一个个令人羡慕的头衔，工程师、医生、律师、经理、作家等等出现在各种场合并感到有所骄傲，得意洋洋时，也许不过是在太阳底下的一种伪装。等到最后终于抽出空来了解自己内心的感受，问自己到底想要什么，想怎么办了，除了茫然心底还有些隐隐的疼痛吧。因为，你为了这份并不喜欢的工作浪费掉的美好事情真的是太多了，包括曾经也许能抓得住的梦想的翅膀，而为了"忙"，统统舍弃了。记住吧，只有真正让我们感兴趣的工作才能叫做幸福和满足。那么从现在开始，坐下来真实地面对你的内心，问一问自己，为何要为了取悦他人而徒增烦恼。

①首先，知道自己想要什么，想过怎样的生活，而不是职业，不是只让你养家糊口的赚钱机器。

②清算你手头关于实现你的爱好和梦想的财富。比如，热情、精力及积累的知识等，静静地等待适当的时机投入到你梦想的现实工作中去。要记住，一定要勇往直前，不要害怕失去，最好连失败的后果都不去想，这样你就更有了破釜沉舟，置之死地而后生的动力了。

③树立起对你自己的信心。不要害怕失败，因为每一位成功者都经历过比你多得多的困难和挫折，如果你没有失败的经历，又拿什么去验证真理呢？

④要有切实可行的理想。比如，你已经40岁了，有高血压、糖尿病，却还想当飞行员。这就不值得鼓励了，因为这时候对你的梦想投赞成票无异于谋杀。正确对策是，要么拥有一架自己的直升机（当然最好不要亲自开）或者做航空模型玩具店的老板。

⑤寻求家人的理解和支持。相信没有亲人愿意看着你在整日忙碌的工作中受着身心的双重煎熬。他们会希望你能够开开心心地工作，从事自己真正喜欢的事业。

如果你想摆脱沉重的工作压力，不为加班，漫无边际的任务而发愁，并且还能从中汲取需要的营养和健康的心态，就此快乐起来的话，就赶快先找到自己的兴趣所在吧！这是走向快乐的工作人生最有效的办法！

6. 认真做自己

不要苛求所有人对你的工作都表示认可，不要过分关心你所做的每一件事是否完美，是否让大家赞不绝口。否则，你会陷入"永不完美"的为别人生活的痛苦境地。

"人无百日好，花无百日红"，只要生命还是随着时光在流逝，你就无法成为人们心中完美的那一个。在这个世界上，没有人会指望你成为理想中的"完人"，所以不必为自己只是个平凡而普通的自己而苦恼。其实，只要是按照你喜欢的方式去生活、去工作、去享受人生，就会体验到价值所在。最可怕的人生，就是活了一辈子之后，却发现这不是自己想要的一辈子！人生一世，草木一秋，白白浪费了生命，只为在别人眼中热闹好看，真是一个天大的笑话！所以，勇敢地喊出来"走自己的路，让别人去说吧！"

琳达是一个剧团的舞蹈演员，她8岁在上小学时就开始接受训练，然后在众人的羡慕或是嫉妒中上完了初中、高中，最后进入了艺术学校。她是美丽的，加上这些年来舞蹈所给她塑造的完美气质，使她成了家里人向外人炫耀的资本。同时，琳达也为了不辜负人们的期望，努力地追寻着更高的艺术殿堂。但是，令她苦恼的是，当她选择了民族舞时，有人对她建议说其实她更擅长的是节奏感强的现代舞；当她改成现代舞时，又有人对她说像她这样基础好的演员应该去水平最高的芭蕾舞学院；当她又考虑是否接受这一建议时有个小孩子对她说最适合她的职业是去当一名电影演员……

琳达犹豫了，迷惑了，她在总结了别人的意见后发现了一个事实：

在不同人的心目中她的形象是不同的，如果按照所有人的愿望去发展自己结果可能在哪一领域都取得不了成功。于是她挑选了自己最爱的民族舞方向，并为它付出了大量的心血和汗水。若干年后，当她站在世界顶级舞台上演出时，没有一个人说她的舞蹈不好，相反，人们都夸她真是个民族舞的天才艺术家。

可以说，琳达的成功，是因为她及时地隔绝了外部环境给自己的工作所造成的压力和影响。她坚持着：按照自己的定义过生活，最终使事业达到顶峰。

在工作中，除了你自己，还有谁能知道你究竟想干什么，想怎样干呢？还有谁能替代你想出那么多天才的构想呢！

有人活了100岁，却是为别人而活，自己无法决定要走的那条路。年轻时选了自己不喜欢的专业，等到了自立了，工作了，又努力想获得所有人的赞赏，想让自己成为人人心目中的头号种子选手，紧紧跟随着别人的口令和动作，心中念叨着一定要让老板欢喜，一定要让所有同事都没有异义地对我刮目相看，一定要让行内的人都对我刮目相看。结果呢，鱼和熊掌不可兼得，如果用这样的心态去完成一件工作，最终结果可能就是在犹豫再三后毅然地"丢了西瓜捡芝麻"，失去的可能远比想象的多得多。

人，一定要明白怎样才是自己，一定要给自己首先下个定义，一定要找到自己的路，自己的方向。才会在生命即将结束时安心的说一句"这辈子没白活"。认识你自己，需要一个怎么样的乾坤镜呢？

年轻的僧人总是愁眉苦脸。长老问他，为什么有那么多烦心的事？他说我到山下去，做买卖的叫我和尚；办事的官差叫我长老；妇女们叫我僧人；无赖们叫我秃驴，那么，我究竟是个什么呢？

长老听完笑了笑，指了指身边的一块石头又举了举游廊上的一盆花。僧人想了想，恍然大悟，脸上露出了笑容。

是啊，在别人眼中，你可能是这个或是那个。但是，在你看来，你就是你，不是他，也不是她，更不是它。身为你的你有独特的思想、方法、目标、道德品质和处世原则就够了，又何必在乎别人的想法呢？一千个人眼中有一千个哈姆雷特。除了你，这世界上还有谁比你更懂得自己要扮演的是什么呢？

"走自己的路，让别人去说吧！"绝对是至理名言。从现在开始你要下定决心做回自己。所以可以试试这样做：

①告诉自己，你就是不完美的，没必要每天在工作中都要求自己做的面面俱到，否则痛苦的是你的身体，别人才不管呢！

②让工作做到自己满意即可。别人怎么想管他呢！分内的工作当然要做得出色，只要对得起自己，对得起薪水，谁爱说什么就去说什么吧。

③保持正常状态，你将轻松很多。别给自己定太多的条条框框。对自己毕竟要宽容一些而不能像严厉地对待犯人那样，接受自己能接受的建议但不是全部。

④坚持自己的信念，勇敢地向其他试图阻止你的人说"不"。绝对不要让别人的评论束缚住自己奔向梦想的脚步。

生命是自己的，生活是个人的，路也是自己选择的，每个人都有自己独特的天赋。在你的工作之路上，做的每一件事都会引起众人的议论，如果你想做的面面俱到那是不可能的，就算你真的做到了，那完整也便成了莫名其妙的不完整了，你永远不可能得到所有人的一致认同，所以罗丹让世界的宝贝纳维斯折断双臂，这样的话就不会再有人吹毛求疵地挑剔其他的缺点了！在工作上你也应该这样做，大家都有缺点，大家就都觉得彼此很可爱了。如果现在你面临的情况是：所有的压力都来自于他人，似乎他们总是想把你推向"完美"的顶峰时，你就大可不必感到有压力而惊慌失措了，记住，不论何时，只要做好你自己就是正确的选择！因为你活出的，将是你生命的本色！而不是制造出人们眼球中的"完美物品"的机器了！

7. 抓住想溜走的机遇

工作中时刻充满着机遇，如果我们懂得擦亮双眼，在它到来的那一刻一跃而起将它牢牢抓住，也许就会马上飞上枝头变凤凰，也许今天坐在老板办公室的那个人就是你，也许你的工作压力就没那么大了。

现在盘点一下你的工作资产：经验，有了；业务，精熟了；人际关系，良好了。可是，你还是不得不在一个普通科长的位置上再耐心的等待几年。为什么，经理还没辞职或升迁，那个位置还有人占据着，也就是说，你还没有机会，所以，你所感受到的压力还在痛苦的进行时中。

其实，要想减缓工作所给你造成的难以释怀的压力和影响，你需要做到事业的一把手。为此，你不是每天做着白日梦幻想着有一天上司能主动让贤，或者是因为生病和其他糟糕的原因（这样想有些不道德）不得不把位置空出来留给你（事实证明这样是不切实际的）。为了事业的更上一层楼，你必须时刻努力，不能因为已经取得的成绩就止步不前了。你要清楚地知道，机遇到来之前是不会跟你打招呼的。你要站到事业的顶端，消弭竞争压力的骚扰就要谨慎地抓住每一个来到面前的机遇，随时做好向上走的准备。林清玄先生曾说过，有些事情，你错过了一回，就错过了一辈子。或许这样的机会在你一生中只有一次，而你错过了这一次，即便以后你做好了种种准备，也会变的毫无价值。

在这个充满挑战的社会里，如果你忽视了机会，也许一辈子也取得不了成功，也许一辈子都注定要默默无闻，为生计而奔波劳碌，一辈子都要做个抬不起头来的小人物，一辈子都要为开门七件事操心，都要为保住饭碗战战兢兢，一辈子都要活在看不到边的压力之中。试问，这样的生活能让你心有所甘吗？如果你抓住了机会，情况可就大不相同了。机会就等于成功的一半，距离成功不远了，而且还是自己主动找上门来的，几乎不费吹灰之力。你可以借此机会或一夜成名，或一本万利，或战无不胜，从而让生活和事业真正为自己所主宰，让小市民的日子见鬼去吧！可见，机会真的是对付工作压力的绝招啊。

有一个年轻的美国人，叫约瑟夫·高登史东。他是爱荷华州农村挨家挨户推销珠宝的推销商。

有一天，他忽然得知日本生产着人工养殖的珍珠，品质良好，色泽美丽，价格也比天然珍珠低很多，约瑟夫看到了机会。当时正值经济大恐慌，他和妻子艾莎变卖了所有的家当飞往东京。

几经周折后，他们见到日本珍珠贩售协会的主席北村，提出在美国销售日本人工养珠的计划，要求北村提供首批价值10万美元的寄卖品。这是一个大数目，尤其在经济不景气时。但是，7天后，北村答应了。那批人工养珠在美国很快的销售一空。几年之后，他们决定设立自己的养珠场，他们要抓住这个机会不放，最后当然地取得了成功，走向自己人生的辉煌。

面对压力，聪明人主动迎上前去，把握机会，最终消灭掉各种各样的压力的袭扰，而愚笨者宁愿白白看着机会从身边溜走还前怕狼后怕虎的瞻前顾后，无动于衷。所以有些人成功了，有些人一辈子都不可能出人头地。还有这样一个故事：

两个年轻人安和迪，同时看到一则投资广告。内容是说某公司研制成功一种新产品，需要批量生产。但资金不足，寻求志同道合的合作者。

两位青年人都是刚走上工作岗位不久，囊中空空如也。安认为自己没有资金，无法投资，打算自己现在努力赚钱，等日后有机会再来投资；迪虽然也是两手空空，但他意识到这是一个千载难逢的好机会，所以他想方设法四处借钱，凑够了足够的资金，成为该公司的合伙人。

几年之后，迪不仅还清了所借的款项，还获得了额外的利润，并成为该公司的股东。随着公司的逐渐扩大，他也随之财源广进，日子过得有滋有味。而回过头来再看看安，虽然在几年之后赚了一些钱，但却失去了这个对他而言一生中重要的机会。在日益激烈的竞争压力中他已经憔悴不堪了。

机会能让每一个人成功，但也并不是说所有人都能抓住机会，一定要选择适合你的，否则机会也会不留情面地化为更大的压力。比如，如果你没有出众的口才和交际能力，只是有娴熟的技术，公关部有一个重要的位置缺人而你毫不犹豫地抓住坐上去了，结果只能是承受加倍的压力和痛苦。

所以说，面对身旁转瞬即逝的机遇，你该清醒的有个认识，而且要聪明的不放过任何适合自己的那个。不要像个无头苍蝇般瞎闯乱撞，毕竟你抓住机遇，使事业获得成功是为了减轻工作中和生活中的压力，而不是给自己惹来更大的麻烦。

①不知道自己要做的是什么的人，盲目选择的工作永远都不会成功。提前为你所准备投身的事业做好积累工作，贮藏足够的智慧和经验。

②不要把运气当做成功的关键，它只占1%，辛勤的汗水才会浇灌出成功之花，所以为了迎接运气的到来你还需要顶住压力，不断进取。

③了解市场，了解自己，明确自己的发展方向；如此，你的付出和收获绝对会成正比，当你努力后你所做的只是静候时间做出公正的判断。

④为了使自己具备可以高瞻远瞩的素质，最好选择每天有新闻可听、报纸可看的生活。如果你感兴趣的话，不妨选择一两门经济学课程。毕竟，它是最有可能让你一夜暴富的学问。

⑤积极地参与竞争，不要怕竞争所带来的压力，也不要怕把缺点暴露出来，因为总有人会看到你的优点并把机遇抛向你。

⑥做个好人，坏人没有好下场是与人类共存共亡的真理。你对别人好，别人才会对你好，而且机遇有时也会来源于朋友。

人都是相同的，人的命运却又如此不同。这个世界上，除了自己以外没人能帮你。而那个消除压力的烦恼，将生活的美好呈现给你的仁慈的"上帝"，就是给你带来惊奇和从此走上与众不同之路的机遇。但是，机遇是可遇而不可求的，作为一个聪明人，还是努力把心思花在每一点一滴的工作上吧，既不要给自己施加过分的压力，也不要过分放纵自己，做好准备，总有一天幸运之神会找上门来的！

8. 歼灭压力需要为人所不能为

现在令人满意的工作真是越来越难找了，而且即使你成为了找到理想工作的幸运儿，你还是会有所担心的。为什么，竞争压力太大了，有一天被后生挤掉怎么办？假如你那时不想黯然离开，就从现在开始，努力让自己干的出类拔萃吧，如果你认为这份工作值得你那么做的话。

如果想要减弱或是消除你身旁的其他同事与你的竞争，确保到公司决定要裁员的那天不会首先把你列入名单之中，最好的办法就是，让自己成为公司不可或缺的人。也就是说，你需要为业务多学一些知识和技能。从表面上看，这样做似乎是在给自己施加更大的工作压力，但是你要知道，你的付出一定是可以有所回报的，你拥有越多其他同事所没有的技术资本，你在公司的地位就会提升越快，因为你让自己成了这一行的"状元"了！

李丝是顾问公司新来的员工。她原本是以培训师和教学设计的名义进公司的。不同于其他自诩为教育专家的同事，李丝成为方便专案规划的试算表软件专家。有一天公司宣布所有的财务记录都要转换成该软件下执行。

这时候李丝看到她的"资本"———一项别人不愿意或没有的技能。总经理希望找一个能向其他同事说明该软件特性的人。李丝每个星期花两天下班后的时间留在公司，彻底学会该软件。很快地，每个同事都知道只要有问题就来找李丝。她变成公司中不可或缺的人了，在这个领域也没有人和她竞争，工作变的潇洒多了。

从上面的例子中可以得到启示，你可以发挥自己的专长，掌握一门公司里需要的专项技术，最好是别人都不愿做而你却运用的很好的那种。

还有一种方法，其实确切说是一种态度，就是干一行、爱一行，努力让自己融入到工作中去，为它多付出一些，你所收获的就不仅仅是上司的青睐，公司会把你当成宝贝，给你加薪升职，更有机会让你自己开辟一番事业。

有一天早晨，史瓦登来到他所经营的一家钢铁工厂，看到有一位公司的储备速记员也在那里。当史瓦登问他为什么这么早来公司时，这位速记员说他是来看看史瓦登先生是否有什么急的信件或电报要处理。史瓦登向这位员工说了声"谢谢"，并告诉他晚一点会需要他的帮忙。当天晚上史瓦登回到办公室的时候，身边多了一位私人助理，而他就是在早上令史瓦登印象深刻的那位储备速记员。这位年轻人吸引史瓦登的地方，并非他的速记能力，而是他愿意多付出一点点的进取心。多付出一点点使你成为公司里不可缺少的人物，因为你为公司提供其他人无法提供的服务。也许其他人具备更多的知识、技术和声望，但是，只有你能提供公司不可缺少的服务。也许还有其他公司能提供公关专业服务，但如果你能容忍在半夜十二点时被叫醒，并且以"愿意做"的姿态提供服务时，客户们将会记住你并会给你高度评价。如果你认为以上所说的已经都做到了，那么下一步要做的，就是了解工作，了解部门目标和公司方针。了解你的工作应达到何种要求，并照着去做，或是视需要加以修正，避免误解工作的目标。这样亦有助于了解你在公司所扮演的角色——达到工作满意度和升迁机会的要素。而且充分得知部门或小组目标有助于你行动的方向，想想看，如果公司只有你一个人关心公司动向并让自己的工作做出适应的话，那上司还会看不到吗？

第四章　别让压力毁了工作和事业

· 113 ·

作为员工，你时刻都要记得，除非你能成为某人或某集团不可或缺的人物，否则你的所得将永远无法超过一般的水平。你应该使你自己的地位变的重要到别人无法取代的地步，能使自己变的比别人技术强、比别人扎实，并且服务中有多付出一点点的精神和具备积极进取心的人，便可以自己决定自己的压力大小和薪水高低，是不是很羡慕呢？请记住这句话"力量是与奋斗息息相关的"。如果你想拥有控制生活、控制压力的足够强大的力量，就必须首先要经过压力的考验，必须通过奋斗来换取提升力量的砝码。既然成功可以消除压力，那么为什么做事情时不努力让它获得成功呢？抱怨你的工作和薪水并不能让你过上好日子，务必要把精力都集中到做出好成绩上来，也就是让公司离不开你，抢着把你留下。要做到比别人棒，就要做到：

①做没有人愿意做的工作，如果你想得到别人注意的话。前提是这项工作对你来说是有所收获的。

②多做一些工作，把它当做分内的事而不要求奖金。老板会察觉并欣赏你这种认真的态度。

③老板不在时也要严格要求自己，努力工作，做到"慎独"，总有一天他（她）会发现还有你这位好员工的。

④成为公司资历较浅或新进同事的良师。哪家公司都希望拥有一名愿意义务为培训师的员工。如果有可能你的公司会专门让你做这一行的。

⑤诚心诚意地帮助同事，让他们在你的外围替你形成一道保护圈，那么当压力袭来时你就可以高枕无忧了。

⑥及时觉察到公司的期望，了解你应该做什么，必须做什么，跟上公司的步子，或许你还能超前一步！

从现在开始起，不要再抱怨工作的压力了，为工作多付出一点，让自己多学一些技术和知识，成为不可或缺的人，你就可以将自己从日夜萦绕在你心中的竞争压力的恐惧中解脱出来了。

第五章 别让压力毁了亲情和友情

家,不只是单纯的头顶上的一块瓦。当你踌躇满志,准备踏向人生辉煌时;当你黯然失神,经历着痛苦和挫折时;你就会迫切地需要感情这座属于自己的城堡分享喜悦或是抚慰创伤。可是,忙碌的生活,紧张的工作,却迫使我们戴上功利的假面。如果你不能搞清楚在家庭中,在相契多年的知交好友中自己所应当饰演的角色,这两个人生中最重要的感情支柱就会瞬间土崩瓦解。当你察觉到丧失了这一切时,心情的痛苦就不仅仅是可以用"失败"来形容的了,当工作的压力摧毁了亲情和友情的时候,生活还能剩下些什么呢?所拥有一切财富也不过成了海市蜃楼,失去了真实和幸福。

1. 呵护你的人生堡垒

家庭是生活中最难以处理，最复杂的事情了。但作为人们生命中的起点和支点来说，它确实功不可没。虽然关于家庭和工作二者之间的矛盾冲突似乎从未间断过，但不可否认的是它们对你的人生所做的贡献却是巨大而且辉煌的。因此，处理好压力与你感情世界的关系，保持和谐一致性是你人生是否能成功的重要标准。

当你成为早已独立生活，有了自己意志和能力的成年人，当你以为你可以控制自己的生活和情感时，你的父母亲来探望你了，于是，不管手头现在有多大权力，有多少金钱，有多高的地位，你只能变成一个在他们眼中慌里慌张，毛手毛脚的小孩儿。尤其是在到医院去看医生时，你就会发现自己原来是那么听他们的话！

关于你的伴侣，我只能说，那个人在你生命中占据着无可取代的位置。他/她不再是一个无关紧要的人。相反，他（她）已经深深地融入了你的灵魂和生命。也许已经组成家庭的你或许只觉得日子烦闷和无聊，可是，一旦你们离开彼此，伤害将是灾难性的。因此，你必须把这段感情看的比其他任何事情都值得关心和呵护。当然，还有你们血脉的延伸——孩子，这个倔强的小家伙接受了你们赐与他的躯体却拒绝延续你们的灵魂，也许你会在培养孩子的过程中享受到幸福快乐或是感受灾难降临的痛苦。但毋庸置疑的是，他们都是你最亲密和最愿意为之付出一切的人。

是的，你说，我正是因为爱我们的家庭，正是因为我想让所爱的人生活的更加幸福而加倍努力的工作。可是，你要知道，幸福是由于人们能感受到的心灵交流出现的，并不是建造在丰富的物质条件之上。这不是在否定物质的基础作用，而是说，别让外界的压力占据了本该享受温馨的家庭生活的时间和空间，别让把你紧紧包围的压力破坏掉这份来之不易的最宝贵的感情！

在你的旅途中，还有一种感情将与你密不可分，那就是——朋友。

当你准备一步步独自走向生活之路时，你身边总会多多少少出现过患难与共，愿与你以真情相待的朋友。随着所谓的"成熟"爬上你的心头，那曾经远逝的青春岁月、豆蔻年华以及年少时的美好友情都已经一去不复返了，"朋友"二字，也不知何时变成了纯粹的利益关系，大家都在心照不宣地策划着有利于自己的交际圈。当友情被披上了世俗的外衣，就不会再有暖融融的感觉了。所以，有人说，这是一个急功近利的时代。那么，我们应该如何经营这份在工作、职场、生活的层层束缚中尚能得以幸存的真挚友情呢？

家庭、朋友、自由，人生因为常开的感情之花而啜饮到花蜜的甜美芳香。

2. 别把烦恼带回家

在现代社会的家庭中，有70%以上的家庭问题都是由于工作所导致的。劳碌了一天的人们回到家里后，往往会往沙发里一窝，什么都不想干，并带着满腹的牢骚。在这个时候，你的家人不得不承受你冷漠的态度或是狂暴的情绪。

你完全想错了！"家"不单单是一个可有可无的提供休息和睡眠的地方，它的真实性在于你回到自己的小窝的那一刻起，便可以尽情地欢笑或是痛哭，可以酣畅淋漓地挥洒自己的感情，而不必再道貌岸然，装模作样。

每个人都离不开家庭的温暖，当你感到外面的世界把你伤害了，让你痛苦了，家，就成为心灵的避风港，你的亲人就会成为可以依靠甚至是依赖的力量。但是，职场中的你、我、大家，在白天进行了无休止的拼搏挣扎后，很难说，我还可以留出许多精力来维持我的家庭生活。或者，你的亲人们并不能在下班后按时回家。他们的生活世界已经完全被工作和工作相关的人所占据了。这种只剩一个人的"家庭"，已经被那个独自留家，独自吃晚餐的人觉得没有再为之付出的必要了。因此，家庭危机不可避免地产生。

　　工作已经牢牢地控制了我们一天三分之二的时间。越来越多的现代青年开始对家庭持冷漠态度，对感情不负责任。当有人问他，你在生活中得到了多少？他会骄傲地向你展示他的车子、房子、票子，但是，惟独缺少亲情的他，确实是个情感的弃儿，是个不折不扣的可怜虫。还有这样的人，他们也拥有家庭，却不懂得珍惜，他们无视妻子的疼爱，无视小孩还需要父慈母爱，而是把一天工作中所产生的烦恼情绪，一股脑儿地都宣泄在家人身上，责骂妻子，打孩子，搞的家里鸡飞狗跳，怨气冲天，哭声不断。如果恰好孩子考了个不令人满意的分数，家长会回来后家里就翻了天——大大小小都要历经一番"炼狱"的煎熬了。试问，这样的人还有什么资格要求"家"来给他温暖呢？把家来当做自己出气筒的人，早晚有一天会自食恶果。当他被列为家庭的头号公敌时，恐怕单身的日子马上就要开始了。朋友，赶快看看自己吧，一旦出现了这个苗头，马上学着控制好自己，别把压力带到家中来，带到你最爱的和最不愿伤害到的人身边来。

　　赵明，私营企业老板，已离异一年。赵明原来在一个机关单位上班，后来在妻子的支持下辞职下海，自己当起了老板。在开头的几年，赵明处在艰苦创业阶段，为了事业的发展整天忙于奔波应酬，很少有空陪孩子老婆，就算回一趟家，不是喝的酩酊大醉就是迅速地吃过饭钻进自己的书房忙工作。往日的欢声笑语在他们原本幸福的小家里已听不到了。

　　刚开始妻子还耐心地听他发牢骚、发脾气，觉得自己可能帮他排解一下。可是到后来赵明竟因为在外面有了烦心的事指责在家照顾孩子的老婆不上班。还打起了孩子，只要赵明在家，就没有一时三刻的消停时候。终于，妻子忍不住了，和赵明离了婚。

这一年来，赵明过得很不好受：他虽然有超大面积的楼房，但却冰冷的像旅馆；他身边有很多女人，但却没人会像前妻那样叮嘱他"开车小心"；没有人会像前妻那样做好可口的家常饭菜，等着他一同分享！也没有教孩子读书识字逛公园做游戏的乐趣了，真是后悔莫及啊！

失去了家庭的人生，即使事业再成功，再辉煌，都掩盖不了心底的沧凉和无人关怀呵护的伤痛。作为顶着几千万伏高压辛苦打拼的职业人，若是让工作情绪控制了你的大脑和行为，你失去的将要比从工作中得到的多得多。并且，它会刺激你的神经，对你将产生难以估量的灾难性影响。那么，如何才能避免将工作中的恼人情绪带回家中呢？

①当工作中涌现出突如其来的不满或愤怒时，打开窗子或走到外边去做深呼吸，看几篇笑话，让幽默化解心中的怒气。

②学会自我安慰。没有人能做的尽善尽美，也没有人永远是正确的。不要让自己一门心思都扑在工作上，更不要让得失心理控制你的情绪。

③你不必非要强迫自己成功。如果你有一位真心爱你的妻子，她会理解你并且不会因为你的不算成功的人生毁了她的一辈子的。

④增加你与家人的交流，了解倾诉的重要性。如果你不能在家庭外找其他的朋友排遣郁闷的心情，就向你的伴侣和父母寻求这种精神的支持吧！

⑤拥有你们共同的兴趣爱好。可以是读书或是锻炼等等。让属于自己的时间在做喜欢的事情中度过会增近你们的感情。

⑥要知道把气撒在孩子身上是完全错误的做法。在自己出现不良情绪的时候，可以找个公园回忆一下自己孩童时代的美好时光，回家后，你就不会看到那个淘气的小东西而觉得生气了。

你要记住，家庭是事业发展的基石。通往成功的路上充满着坎坷崎岖，没有亲人的帮助，谁也无法独自承受失败的打击。不要再欺骗自己，勇敢地对自己说："我需要亲人帮助我走向成功"！如果你已经拥有了港湾，就伸出你的双臂，紧紧地将它搂在怀中，用百分之二百的心去珍惜它吧！

3. 家庭是事业的"擎天柱"

在职场上，许多人都说，家庭的和睦与事业的成功是水火不容的。

但实际上，它们应该是互动关系，只有得到家人的关心和支持，事业才能取得更大的成功。

我们听得最多的夫妻间的抱怨，就是对工作方面的不满了。"你根本没有时间可以留给我"，一天24小时，只有吃晚饭的一会儿才能看到你，然后，你又钻进书房忙工作了！这曾是女人对于事业成功或是走在创业路上的爱人最常见的埋怨，不过现在男人们也越来越经常地抱怨他们的爱人太专注工作，因而忽视家庭了。企业和私人顾问君特·F·格霍斯先生是长期从事对工作和私人生活研究的专家，他提出了一个值得人们关注的结论：成功人士在工作中所获得的各项能力，同样能在婚姻生活中发挥很好的作用。简单地说，如果一个人在工作中能够表现得出色，那么他就有能力打造自己的幸福美满的婚姻。

夫妻关系是需要悉心经营才能生存下去的。但在这里，金钱和利益不再是重要因素，惟有家庭间的亲情温情才是夫妻关系得以延续和发展的资本。你必须全心付出并小心谨慎地对待这分温情，就像你在工作中和苦心营造的人际关系打交道一样。在工作中为了收获更多，你会付出多少时间和金钱呢？答案很简单。类似的，对待家人你同样也要多一些温情和体贴，只有这样你才不会有"后院起火"的可能。

你要知道，金钱再多也是换不来幸福的。即使你富可敌国，也未必有一个人真心愿意为你缝衣补袜。聪明人是懂得平衡家庭和工作间的关系的。他们决不会将全部都放在一个口袋里。事实也证明，惟有家庭幸福，才会有你的人生发展。

大文豪普希金就是一个例子。他娶了貌美的妻子后，仍旧一心扑在浪漫的诗歌创作上，他以为，同样深爱他的妻子会一直等他，默默地站在他的身后。可是，年轻的妻子却不这么认为。由于她经常得不到关爱，心中异常的抑郁烦闷，苦无倾诉对象，也无能为力。没办法，谁让丈夫将文学作为自己的情人了呢？

正当普希金在品尝新婚的甜美滋味并以此萌发的浓烈爱意激情下创作出举世闻名的作品时，妻子却再也无法忍受丈夫对自己的冷漠和另一位善解人意的贵族青年坠入情网。最后，这位天才诗人陨落在情敌的子弹之下。

还有一位文学巨匠——托尔斯泰。这位创作了《安娜·卡列尼娜》、《战争与和平》等鸿篇巨作的大师，却长年与共同携手人生之路的妻子不和，以致于在七十多岁高龄时满心痛苦的离家出走，最后一个人孤零零地死在曾给他留下了美好回忆的小镇上。

很难说，也许事业的成功确实是一种幸福，它是可以慰藉人们要"争口气"的远大抱负，但是，丧失了家庭关爱的人们，却饱受着心灵的煎熬。他们的生命就此孤独地消失，人们却无法替他们惋惜。生命为太多事物所累如名誉、金钱、地位……而无法享受家庭的快乐。

今天，人们之间想要维持一种奉献的、充满活力和生机的关系实在太困难了。不信？看看你自己就知道了！夫妻今天要面对的问题包括个人财务、职业和双方职业考虑、太多的责任、教养小孩、健康、赡养老人——和其他一大堆烦人闹心的问题。因此才产生无尽的压力和压力重负下毁掉的家庭。

那些事业上取得了巨大成功的人，你觉得，他们会因此而体味到幸福吗？也许在他们的内心里，有的只是喜悦之情吧。家庭的和美，是多少富人羡慕的想尽办法去换却换不来的。

家庭，从某种意义上来说，应该是一个紧密结合的团队，只有这个团队给你强有力的支援，你才能获得成功和幸福的双丰收。所以说，协调好家庭和工作之间的关系是十分重要的事情。试想一下，如果你想做一件事，连和你最为密切的伴侣都不赞成的话，那么除非你舍弃家庭，离家出走，去开创全新的天地，否则你成功的可能性为零。当然，家庭中的爱和温暖，也是一个人走向成功的催化剂。

那是一个寒冷的冬日，霍桑像平日一样，精神焕发地来到办公室。突然，他发现自己的桌子上放着一封信。他平静地拆开信，却被上面的内容惊呆了。原来那是一份解雇通知书。从那一刻起，他失去了自己心爱的工作和经济来源。

他像一片落叶似的孤零零地离开了办公室，在街上茫然地转着，像一个没有目标、方向的游魂，最后垂头丧气地回了家。他很害怕将这个坏消息告诉妻子，更害怕这温馨平和的家因为他的失业而掀起轩然大波。但他妻子还是从他的神情上看出了有不幸的事即将发生的苗头，但同时怕刺痛他沮丧的心，便一直保持着沉默，等待霍桑自己把这种沉寂划破。

晚上，霍桑终于把自己被解雇的消息告诉了妻子。妻子听完后，立刻走了出去，端了盆熊熊的炭火进来，房间里陡然间增添了几许温暖、几许光明。然后，她取出纸和笔放在桌上，温柔地笑着对霍桑说："现在你终于有充足的时间可以开始写作了。"

一句话，犹如一盏明灯，照亮了霍桑阴霾的心空，他的眼前顿时展开了一片新天地。凭着妻子的鼓励，他终于写出了光耀人世的伟大著作——《红字》。

霍桑拥有一位富有智慧而又时刻支持他的妻子，正是由于她的宽厚和温情，才使霍桑从失业给家庭带来的巨大压力中走了出来，并化压力为动力，终成一代文豪。他的成功，最起码有他妻子一半的功劳。

　　家庭和你伴侣的爱是一种使人奋发向上的力量。俗话说："夫妻同心，其利断金"就是指伴侣对你的人生和事业的重要性。因此，如果你有志于事业发展，想取得人生的成功的话，完全抛弃家庭，只在工作上拼命的错误做法是必须严令禁止的。不然的话，留给自己的是心灵的创伤。而且，在世人眼里，你也很可能是一个失败者。

　　那么，从现在起，你该如何来协调家庭和工作的关系呢？

　　①你制定的计划，不妨多问问爱人的意见。他（她）比你的同事朋友更冷静、更清醒、更能客观地看到你在哪些方面浪费了时间和精力，同时，他/她也更了解你的长处和你的长远目标。

　　②你一定要重视你对工作时间的计划，你对待这方面的投入要像对待金钱一样，把自己的家庭时间当做备用时间，当工作时间不够用时，你会很自然地占用它，这种做法显然是不对的。正确的方法是，该和妻儿在一起时，关掉所有电话，尽情享受乐趣。

　　③假如你的老板想让你在节假日加班，你可以大胆地说："这个，我得先和我爱人商量一下。"不要忘了，你和她（他）一起生活。这时，你的老板不得不考虑能够说服你爱人的理由了。

　　④忙碌的工作后，你应该忘掉一切烦恼，轻松快乐地回到家中——尽管这听上去有些不大现实，不过你还是要努力去做。让自己每天都可以精力充沛地回到家里，给整个家庭带来生气。

　　⑤如果有可能，让你的爱人参与到你的工作中来。当然，不是要你的伴侣的单调的仆役工作，而是让他（她）成为你的助手，和你共同体味工作进程中的痛苦与快乐。这样，也能增强你们彼此间的了解。

　　和谐的生活是悉心营造出来的，策划权在每一个人的手中。当你的伴侣开始全力以赴支持你的事业时，距离成功也就没有太远的距离了。并且，在整个过程中你会享受到最大的幸福。

4. 美好的假日时光，请你和家人一起分享

虽然你十分喜欢在节假日时和家人一起共享天伦，但这个愿望看起来难以实现——你必须加班、参加朋友派对或是为度过一个看起来"有意义"的假日做充分的准备，你还要应一些邀请去旅行、参加宴会……总之，假日再也不仅仅属于家庭了，而是属于所有人。

假日本应该是用来放松的美好时光，但是，有时不得不应付来自四面八方的压力导致"假"不像"假"了。

对于许多人来说，节假日是充满期待的欢乐日子，也可能是一个充满很大压力和失望的时刻。首先，可以确信不疑的是，在你的潜意识里，是想给自己和家人一个甜蜜的布满阳光美食的这样一个充满快乐和幸福的节日，其实，只要你如此想了，这就立即给自己施加了压力。如果你感觉不好，你就有可能产生孤立感，仿佛错误都是由你造成的。其次，你改变了原有的安排，置身于不同的环境之中。你可能不明白为什么自己到了一个水土不服的国家，或者是一个高朋满座的家庭聚会，而其中的有些亲戚让你无法相处。坐到座位上时你就开始了后悔的思索路程，为什么不老老实实地呆在家里充分休息和享受自己的时光，为什么要让自己变得这么难受。第三，节假日里你要做出大量的决定和计划——去什么地方、邀请谁、吃什么以及开支多少或者干脆去加班，做那些看上去永远完成不了的工作等等。

反正事实是，你的假日不是越来越少，而是越来越未用在与你家人的共处和休息上了。因为你有太多的事充斥着本来就不富裕的假日空间。这样对待你的时间，很容易产生一种后果，就是家庭面临的"分崩离析"。如果你们是双收入家庭，那么"家"在某种意义上倒像个冷冰冰的旅馆，丝毫没有温情可言，所以，要记得，把假日还给家人，然后充

分体味这种幸福吧!

　　一个周末,某人应一位身任总经理之职的同学的邀请,去参加一个饭局。酒足饭饱之后,又去唱歌。在 KTV 包厢里,这位总经理的手机突然响了,他打开了手机,里面传来一个小女孩奶声奶气的声音:"爸爸,你怎么还不回家?我想你,妈妈也想你……我已经好几个周末都没你陪着去动物园看动物了。"这位总经理一怔,知道对方打错电话了,他没有这么奶声奶气的女儿,他的儿子正在国外的大学里读书。他刚想说,你打错电话了,我不是你爸爸。但愣一下,没有说,不由自主地随声应道:"你……你是……""我是宝宝啊,爸爸,我是宝宝""乖……好,爸爸马上就回家……告诉妈妈,爸爸马上就回家……"随后,这位同学一言不发地坐在那里,大伙也不明白发生了什么事情,须臾,这位老兄向大伙抱歉地告辞:"对不起,我家有点儿事,我先走一步,失陪了,不好意思,实在不好意思。"

　　事后,讲起这件事,他说:"就在和小女孩对话的那一刻,一种对孩子、对妻子的愧疚感蓦地袭上心头,我一时也不想耽搁,必须马上回家。说真的,我都不知道自己有多久没在家里过周末了,应酬占据了我所有的假日……"

　　无论何时,家都是你最温暖的依靠,应酬也好,聚会也罢,千万不要把休假的日子全浪费在上面。它们所给你的,除了疲惫只剩下空虚了。并不是说,你要为了家庭而放弃所有的朋友间的往来。只是说,不要忽视你的家人,别等失去他们了才后悔。

　　如果要享受假日所带来的美好感觉,让我们一起来着手准备吧!

　　①如果是必须做的,就要为聚会做好准备。先做好安排,随后才会轻松。首先,尽早做出有难度的决定,定好时间并列出清单,这样就知道自己要做什么,何时去做,怎么去做,这样才不会到时因来不及而手忙脚乱。

　　②共同参与。不要单打独干,使自己成为疲惫的牺牲品。很多准备

第五章　别让压力毁了亲情和友情

工作都可以共同承担的。分配任务并要求别人提供帮助。公开地进行交流并对有些事情说"不"。如果是你一个人承担所有的一切，你就有可能产生不满情绪。

③在假日中，保留自己的私人空间。在日常的生活与繁忙的社会活动之间留出属于自己的一片天地。有计划地安排时间来让自己有充电和休息的机会，即使只是很短的一段时间也是非常有益的。

④表露自己的情感。如果你感觉不好或者是情绪低落时，把自己的情感向亲近的人倾诉或者是把它们记录下来。

⑤避免超支。制定预算并严格按照预算执行。有些人还喜欢把节假日的支出单独列出。这确实是项规划家庭开支的好办法。

⑥挑战焦虑思想。如果在假日里你发现自己处于焦虑的状态，以"保持冷静，按部就班去做，一切都会好起来的"之类的思想来取代"有太多的事情要做，我肯定无法及时做好准备"这些消极思想。

不要对假日的期望值太高，否则一旦节假日过的不如你所愿或是没达到预期目的和效果你就不会有那么多失望的感觉。

如果你还在为假日的劳碌和了无生趣烦恼着，就试着解放自己吧。和家人在一起共度美好时光，假日即使再短暂，工作即使再繁忙，那又怎样？在家的人才是幸福的，把假日还给你的亲人，对你来说，应该算不上什么难事。

5. 设计好你们的金秋之旅

不知不觉，你的身体开始发福，腿脚也不如前些年那样有劲儿了。脸上的皮肤开始干瘪，有皱纹，不管你愿不愿意承认，你都已经老了。于是，你感到周围一切都在对你施压，尤其是那与你人生经验始终成不了正比的工资。你开始发怒了，陷入一层又一层的中年危机感中。并且，这种气氛迅速向你的其他家庭成员袭去。

人生就像一场登山运动，越向上走，离真实的人们越远，越感到孤单，越觉得失望和危机四伏。

年过四十，意味着生命可能已过了一半，你开始注意到岁月留下的痕迹，如头发变得灰白、体重增加并出现皱纹。你还可能发现在情感上这也是一段很有压力的时间，相伴多年的爱人对于你来说已经没有吸引力了，所以你也有了婚外情或者是离婚。孩子们都已经独立生活了，甚至有的成家立业。你的父亲去世了，再有了生活问题不知道该对谁倾诉。四十几岁也可能是一段压力很大的时期。其间，绝大部分的生活转变都有可能发生，经过多年的奋斗，你的理想抱负也可能失败或是达到顶峰，此时，感到厌倦或者是对远大理想不再奢望是很正常的。你可能会想"下半辈子我可不想这样活了，今生过的真是无聊透顶，我浪费了太多的人生了"。这还有可能是一段即使没离异也使你重新审视自己的婚姻关系并发现其中似乎有所缺陷的时间。

四十几岁时，你已经进入一段充满危机的时期，会发生一些行将就木前孤注一掷的行为。导致了无数的家庭危机。同样地，那些常年累月做同一种工作的人也可能会有需要一种全新体验的感觉。他们重新记起自己的梦想并决定实现它。

总之，这将是一大段充满压力的日子，被它所破坏的家庭已不计其数。如果正处在这个阶段你就要多加小心了，一不留神就会失去家庭的亲情，要想重新找回来可就难上加难了。

任某在一家律师事务所任职，衣着贵气、风度翩翩。别人看着他时，眼里总是透着羡慕。事业上一帆风顺，家中还有一位如花美眷，人生至此，夫复何求？其实别看任某表面风光，他也有一肚子的苦恼：妻子比任某小7岁，年轻漂亮，大学毕业后就嫁给他，现在在家中做全职太太。妻子没什么不好，但总是把生活重心放在他身上，这让任某有种被动、压抑的感觉。但最近任某的烦恼又添了一件，那就是他的情人小凡。小凡是事务所的一名实习生，活泼美丽，尽管知道任某已经有了妻子、孩子，还是不顾一切地成了他的情人。作为事业上的助手，小凡犹如一缕春风吹醒了他人到中年的疲惫之心。终于，任某和妻子摊了牌，离了婚，妻子带走了14岁的女儿。在任某正在庆幸自己终于解脱了，终于可以开始人生的第二春时，事务所因为他口碑不好把他辞退了，他的情人小凡也弃他而去，像金丝鸟又另攀高枝了。

男人刚开始婚外恋时，会觉得一切都显得新鲜刺激，整个人都年轻了十岁，好像又重温了过去恋爱的种种：期待电话的心情，怦然心跳的感觉，或是兴奋得想要引吭高歌，或是一股暖流涌过心头。整个人好像活在梦幻中，轻飘飘地。

但很快他就会发现自己如今除了要向妻子尽义务外，也要向情妇尽义务。他必须同时满足两个人对他的期望。因此他在两个人之间疲于奔命，没有一点属于自己的时间。刚开始原以为自己找到了一处没有责任，可以自由休憩的"世外桃源"，没想到如今这块乐土也变成有义务、也要负责任的负担。

因此当初是抱着想要找一处可以不必负责任的爱情，作为暂时栖身之所的动机的男士，到了这个时候开始打退堂鼓了。

男人们的家庭观念都很强，但偏又忍不住外界的诱惑，吃着碗里的，看着锅里的，总幻想着"贤妻美妾"的生活。这种想法其实很可笑，前两年那部反映中年人情感的电影《一声叹息》中的那位可怜的丈夫，就是一些人的真实写照。

很多男人开始婚外情，都是为了寻找一段新鲜的刺激，并不想因此失去好丈夫、好父亲的名誉。但实际上，一旦他们迈出这一步，未来的发展就不是他们能控制的了。即使侥幸能回到妻子的身边，也得永远背负违背家庭道德的罪名。为了一段偷偷摸摸的欢愉，闹成这样值得吗？

张爱玲在小说《红玫瑰与白玫瑰》中写道：每个男人心中都有两个女人，一个是红玫瑰，一个是白玫瑰。娶了白的，白的就变成了桌上的一个米饭粒，红的就是胸口永远的朱砂痣；娶了红的，红的就成了墙上的一抹蚊子血，白的则是床头永远的明月光。当你和妻子共同生活了20年后，你开始厌倦起来：她怎么这么粗俗和无趣？于是你开始强烈地想念起当年那个"她"。这种想法是极其危险的，不管你是"意动"还是"行动"都必然会伤害到你的家庭，给夫妻关系蒙上一层难以磨灭的阴影。

李峰是一名机关职员，这几年他发现自己对妻子越来越厌倦了！结婚的最初几年，李峰也感动于她为家庭付出的一切，可后来，一年又一年，他看到的是个只会看好家、带好孩子、照顾好老人的保姆。李峰毕竟是个情感丰富的男人，虽然已经不太年轻，但仍然需要激情。可她似乎根本不懂这一切。而且她也变的那么庸俗，为了几毛钱和小贩争来讲去；到处听闲话；只看无聊电视剧……就在这种情况下，芸闯入了李峰的感情世界。芸是他的中学同学，如今在一个研究机构任职。一次同学聚会上的意外相逢，李峰的内心开始泛起层层涟漪。那一晚，他没有睡好，眼前晃动的总是芸的身影。比起妻子，芸最吸引李峰的地方是浪漫、有情趣。

自聚会后，李峰时常会有与她聊天的冲动。那天值班，他便给她打了个电话，谈笑间，芸儒雅的谈吐和机智话语，让李峰联想起读书时她翩跹的舞姿和悦耳的歌声。在与她的交流过程中，李峰仿佛回到了久违的年轻时代。自此，他开始频频给她打电话，话越唠越近，关系越来越亲。情人节前一天，李峰发短信约芸见面，她却没有回复，李峰跑到单位附近的花店，买了一束红玫瑰，请花店送到芸的单位。晚上他们见面了，但没发生什么，都是成年人，知道这种交往最终会通向何方。他们说好了，双方都不要伤害自己的婚姻。

李峰认为自己没有伤害到婚姻，这其实只不过是在自欺欺人。这种有外心的结果，必然使他更加排斥自己的妻子，长期这样下去，婚姻又怎能不出问题！而且别忘了芸也有她的丈夫和孩子，这种情况是最让人头疼的，因为你稍有不慎就可能毁了两个家庭。

还有的男人总爱拿自己的妻子去跟某个"她"比较，这也是因为在潜意识中对"她"放不下，在比较的过程中，逐渐扩大了二者之间的差距。

直到有一天，突然发现妻子没了，孩子没了，家也没了，才会痛苦的感到自己的人生就此已败的一踏糊涂。

很多中年人都开始觉得不满足，这时的他们身体开始走下坡路的同时需求却开始上升，他们总觉得，再不给自己创造一点激情可能自己这一生就白过了，于是就铤而走险。其实，人的中年生活不是应该这么过的，你和你的伴侣也不会因为彼此感到厌烦而分道扬镳！中年生活，只要你俩坐在一起认真规划一下，就会发现，今后的日子还是一样的美好，你们根本不用恐惧没有激情和新鲜感的日子。

①我们老了以后，可以搬进一个虽小但适合老年人居住的公寓，或者找一家舒适的老人院。为此我们应该想好一个具体的年龄——最晚70岁吧。

②我们要继续积极地生活，主动学习新鲜事物，即使向年轻人学习也不要紧。作为第一步，我们应该参加一门时髦的课程。比如学习某种乐器，上大学，你可能发现自己并不需要做太大改变，只是引入一种新元素为自己生活增添新的色彩。

③计划好自己的未来。你和妻子一起抽时间把你们下半辈子想做的所有事情全部列出来是非常有帮助的。不要把自己的未来看成是惨淡的，而应积极地把自己的未来想象成充满了生机。

④积极参与活动。通过参加慈善活动、加入俱乐部或者介入当地的政治事务来增强自己的自信心并使自己产生有所作为的感觉。通过这些场合的活动，你可能帮助其他人并接触一些新的人群。

⑤孩子们终于都离开家了，你们也终于不用整日为他们操劳而又重新回到二人世界了，你看，难道这样不好吗？

人生走过一半之后，既拥有了财富，又拥有了宝贵的人生经验。这是用世上任何东西都买不来的。人到这个年纪，什么事情都看明白了，是需要一个全新的开始了。所以，用你的人生经验去创造自己喜欢的日子吧，记得和多年来与你相濡以沫的伴侣一起，做好准备，以自信从容、乐观豁达的心态去迎接收获最多的金秋时节吧！

6. 交心不交"利"

当人们遇到工作上的难题和生活中的烦心事儿时，总想找朋友帮个忙。可是为什么我们向朋友求援请他们助己一臂之力挣脱这些压力事件时，朋友却总是"掉链子"，为此，你们开始有了矛盾，友情也慢慢淡下去，消失了。

康德在《伦理学原理》中讲了一句话："友谊只是一种义务……完善的友谊仅仅是个理想，这个理想是可望而不可及的。"一个人总要为自己设计人生，而这种人生归根结底还需要自己亲身去体验和体会。如果你的身边多了个朋友，无非就是多了个义务的参谋，这种参谋所能起的作用，充其量也就是对你指手画脚，让你能有个参考不致于走上绝路，我觉得交友的初衷能够达到这样的境界就算一生没白交朋友了。但如果你还苛求友谊完美，但对真正完美的内涵又一无所知，那就只会将友谊的完善趋于理想化。这种理想化自然要超出友谊的权限，一旦超出友谊的权限，朋友为你办事不"掉链子"那才叫真正的怪事。

在这个以"功、利"二字为座右铭的社会，人们交的朋友不少，但是百分之九十九的目的只有一个，那就是"路子多了好办事。"剩下的那百分之一是纯柏拉图式的友情，当然前提是在没有利益冲突下的。因此，看待这些生存压力之下的所谓友情，全部都是变了质的。

数年前，小米新办的公司刚刚开始起动之年，却遇上了"关门大吉"的亚洲经济危机。全部家底丢在里面，底子薄、基础弱，加之市场萧条，这可如何是好？正当他被生活压力所迫一筹莫展之际，通过关系搞到了一部可以拍20集的电视剧。

当短暂的兴奋后突然发现起动资金不足，怎么办？他想起了他老家的一个叫栋的老朋友。

栋经营石材加工多年，家产颇丰，而且此前他曾不止一次地告诉小米，如果要投资搞什么项目，资金不够就尽管找他。小米始终没有找他的原因就是也抱定了"交友千日，用友一时"的观念。现在小米终于到该"用友一时"的时候了，于是他立马买了机票，第二天就带着这部电视剧本飞回老家去找朋友求援。

在小米的要求下，栋思索了半天，终于下定决心同意斥资50万元支持他。

十天过去了，一个月过去了，钱没有到。

小米突然意识到栋的承诺泡汤了。

他不得不赔给合作商一笔违约金。栋的这次"掉链子"，可谓让小米真正地体会到什么叫"赔了夫人又折兵"。

从此，小米断绝了和栋的一切来往和联系，他觉得栋这么做简直太过分太不够朋友了！可是，反过来想一想，小米只想着自己的发展，根本从未考虑过朋友那边是否有更紧迫的项目，是否能得到亲人的支持。小米只觉得这笔钱能扭转他经济破产的危机，却没想过是否给朋友带来不小的麻烦，小米觉得栋自私，可他怎么不设身处地为栋想想？

不是吗？看看你自己，不也是为了躲避朋友给自己添事而不愿替他做事情吗？亲兄弟尚且明算账，更何况是朋友，这样最熟悉的陌生人！

在生活和工作中你有压力，朋友也有压力，你有难处，朋友也有难处，每个人感受的危机来自不同方向，所以总是会矛盾重重。

尽管人总是希望自己能够有朋友相助，但在关键时刻，还需要自己去把握，如果一味地把成功的筹码押在朋友身上，那就无异于在和自己的命运赌博。

所以说，不要把自己的难题推给别人。要始终坚信自己的上帝就是自己，而不是你想依赖的朋友，真正能助你走向成功的只有你自己。你和朋友经营这份友情的前提是：不要给彼此添麻烦。每个人生活中都有百分之二百的闹心事，即使朋友想帮你解决，可能也是有心无力。

将朋友作为你心灵的慰藉吧，而不要把他们当做一件件能用来办事的工具。压力已经变成摧毁你享受生活的罪魁祸首了，那就别再让它对你所仅有的可怜友情下毒手吧！你的人生拥有朋友，就该珍惜了，知足了。

你应该这样处理朋友间的关系。

①只要朋友对你好，在你需要心灵慰藉的时候给你帮助，在你偶尔有点小麻烦时施以援手就够了。千万不要利用友情来为你自己提供各种各样的便利服务。要知道，友情是需要双方都付出的。

②不要在金钱问题上和朋友打交道，除非你想毁了这段友情。一沾上铜臭，所有的友情都会腐烂。

③对于朋友的话可听可不听，仅做参考。千万不要对他（她）说："都是因为你出的主意，让我……"

④别把希望全部寄托在朋友身上，他们确实帮不了你，你还得靠自己。

⑤不管何时你都要牢记这一点：朋友之情之助你要是想报答的话其实就是在为他们服苦役。你欠下的债早晚是要还的。

别考验你的友情了，因为没有经过生死与共的洗礼的都是经受不起考验的。让你的朋友成为一盏照亮你的心智的灯，就好了。而不是让朋友成为你踩在脚下攀向成功的石头，如果那样的话，你失去的可就太多太多了。

7. 钱财是友情的夺命锁

有钱能使鬼推磨。有人为了利益，为了钱，不惜以出卖自己的朋友为代价。所以说，金钱是一个诱人的陷阱，友情掉到里面可就再也出不来了。

金钱这个陷阱总是很诱人的。在诱人进入这个圈套之后，开掘者才会原形毕露，抑或把朋友玩弄于股掌之间，或者纵恿朋友去办损害自身而他却坐收渔利的事；或者为达到不可告人的目的而设计陷阱让朋友去踏。鲁迅先生对此早就有敏锐的洞察力，他看透了世道人心，故而在自己的遗嘱中曾写下了极具悲凉意味的一句话："别人应许给你的事物，万不可当真。"读此句难免不产生人世苍凉之感，更对那些老于世故、精于城府的为获得金钱而不惜出卖、牺牲朋友的贴在脸上的自称谦谦君子的人嗤之以鼻。

然而，人心隔肚皮，伪君子、真君子都把君子写在脸上，这个时候，姑且也都只能把他们都当做君子对待，这是交友之道。世人只有在有了上当受骗的经历以后，才不会再认贼为友了。问题是，在你把对方当做君子对待的时候，你为什么会误踏"贼船"的陷阱呢？一字以蔽之：贪！从这个意义上说，天下甘愿出卖朋友者大抵就是被无尽的"贪"欲造成的。

在一次经贸洽谈活动中，在政府某厅工作的辉认识了一个私营老板黄。黄谈吐幽默，颇为引人注意。辉自己平时也较风趣，所以两人谈得很投机。黄说，同辉谈话胜似喝茅台酒，趣味无穷。辉也礼尚往来，称赞黄品位很高。二人颇有相见恨晚之感，分手时，两人互留了姓名电话。成了朋友。

日子就这样过着。一天，黄突然来拜访辉，求他在自己分管的事情上帮忙办一件事。

辉心想,在既不违反原则上能帮朋友做点事,何乐不为?于是便亲自将黄所托的事情轻轻松松地给办妥了。

最后黄给了辉个大红包,辉推辞了半天,"委屈"地"接受"而告终。孰知这钱收了也就不好退了。

打那以后,黄每过些日子就请辉聊天、吃便饭。吃过后,总要给个信封。每次回去,他都要看看数目,前后也有好几万了。

"拿人的手短,吃人的嘴软"。老实巴交的辉就是这样在"欠朋友情"的心境之下终于一步一步地走进了黄所设置的陷阱中。他动用了自己的职权,在省厅新盖办公楼的工程项目投标上,为黄能揽下此项目,将竞争对手的绝密资料多次提供给黄,使得黄在招标会上不费吹灰之力就中了标。而辉也因此获得了黄给予的20万元的"救济"。

终于有一天,辉发现黄准备携500万元投资款外逃时警悟了,到公安局自首了,等待他的是政府给他有度的宽大处理。黄也得到了应有的法律制裁。

这个世上,有太多的"朋友"为了利益和金钱不惜一切,不惜诱朋友上钩,然后自己饱餐一顿,虽然现代生活压力很大,人们对金钱的需求也很大,可是,为了金钱而抛弃人格,利用朋友的人,不知道还有没有感情,有没有心肺。愿意结交朋友的人一定要注意,慎防小人。不要为了朋友无缘无故的应许而感动,也许,有人会借此狠狠宰上你一刀。这是因为,要利己不损人是天下之大难事,尽管许多人在为利己而绞尽脑汁苦心经营时没有忘了最好不要伤害朋友,但一见到己利,友情之义就逃之夭夭了。这又怨得了谁?所以唯己利者得利后就总是能心安理得。如果己利难以得手,朋友,那就只好对不住要委屈委屈你,麻烦你踩一踩陷阱吧!

面对友情,你要记得:

①友情是无价的。不要为了自己一时的欲念而让你的朋友落入你

第五章 别让压力毁了亲情和友情

"苦心"经营的陷阱,你毁了友情就是毁了你自己。

②淡然处世,不要让自己掉入钱眼里钻不出来,不要让自己用金钱来衡量朋友,不要以为贫困的朋友就不值得去交往。

③别交"势利眼"的朋友。因为他们有朝一日会在你贫困的时候突然消失或者干脆落井下石。

④不要接受朋友们无缘无故的馈赠,因为这通常都是有目的的。正确的做法是,他给你一个桃,你还他一个李,不要让自己欠朋友什么。

奔波劳碌的你,一定不要让自己上了金钱的圈套,也不要给自己的朋友设下这个圈套。因为,虽然你得到的可能是短暂的利益,但长此以往的结果只能是损人不利己!没有人再会想与你做朋友了。

8. 你们的生活不需要见证物品的进步

当身为家庭成员的你承受物欲的压力而疲于奔命时,维系家庭的信任、感激、关爱之情的纽带便会松开。受压过多的那一半就会像脱线的风筝,越飞越远。

当你组成了一个家庭并开始为你们共同的幸福生活奋斗时,你会发现,原来爱情的甜蜜滋味已不复存在了。这个家什么都缺:最新技术的洗衣机、电脑、漂亮名贵的壁画、妻子想要的珠宝、貂皮大衣、你想换一辆新车……于是你们便分头忙碌了。白天清早就钻出家门去为之奋斗,夜晚披星戴月地回家,你们将节假日也贡献出来了,只是想早一点实现"现代化",跟上潮流,日复一日,年复一年,等你们相对亦无语时,是否发现,你们早已失去了爱情、亲情和其他很多很多。

这种情况无疑是由此造成的,你们对物质的要求太高了,高到你为之呕心沥血的程度,高到你为之放弃了家庭,放弃了享受生活和爱情,值得吗?要记住,人们是永远也赶不上物质发展的,夫妻的收入只不过是保证家庭生活质量的一个条件，你们的生活舒适了，称心了就好了嘛，何苦去追求那么多所谓"升级"了的东西呢！物欲太多，很快会把你们的幸福生活压垮。

某对新婚夫妇家，在其狭小的公寓房子里装饰着音响、电视等等家电制品，而其接待室也放置着一张双人床，整间屋子几乎连下脚的地方都没有。而且他们整日里还计划着买大衣柜、消毒柜、落地空调等等用品，为了这些个似乎是能让他们过得更"幸福"的物品，他俩整日里忙个昏天暗地，一点休息的时间都没有，更别提享受他们小屋里那堆好东西了，现在他们的屋子成为资材放置场了，人反而倒成了配角。家里也冷冰冰的像个旅馆。没多久他们就开始争吵，最后离婚了。

只管拼命地屯积物品，但却不懂得让它们为生活服务，不明白在这个家庭中最重要的是人而不是各种高档的物品，他们为追求本可以不必操心的东西而连累了家庭，忽视了对家人的关心，最终导致了可恶的结局。想一想，东西除了有夸耀的作用外，充其量只不过是多积些尘埃罢了。

为追求过多的物质给自己套上沉重的枷锁，为了"享受"生活而忽视了真正的生活，忽视夫妻间的情感交流、业余活动，这些家庭活动的质量，忽视了相互尊重、体贴、关爱、信任等等基础感情生活的，那么这样一个家庭还能用什么来维系呢？在家庭拥有一些基本的生活保证和经济基础的情况下，婚姻质量的高低更多地要看夫妻情感的质量。一个女人绝不能因为丈夫少挣钱而对他怒目而视，大声责怪他的"无能"，这样做除了给丈夫施加难以承受的痛苦的压力外，根本不可能得到丈夫的尊重和关爱；相反的，这样做结果只能是增加了丈夫对你的恼怒和反感，大大提高了他投入其他的能给他温情的女人的怀抱或是撕毁你们的结婚证书可能性。你看，过多的物质追求有什么好处！

对于充斥在商业社会人们头脑中的物欲，对于给家庭极大杀伤力的物欲，应该抱着什么样的态度呢？

①省去生活里多余的物品，你们的家庭生活会变得简单许多，不信试试看。

②把周末逛街买杂物的时间改为到公园坐坐，或是到近郊去旅游，感受一下自然的气息，回想你们曾经花前月下的甜蜜日子，比沉溺于购物纷乱的环境和烦恼的心态中要惬意得多。

③把奢侈的东西和你们根本承受不起的东西买回家只能成为一种负担，并且成为家庭矛盾的根源。

④树立危机意识，高消费意味着什么？意味着负债累累的生活。如果你们一辈子都要给银行做牛做马还贷的话，你们的夫妻生活怎么会幸福？说不准哪一天银行把房子抵押出去了！你们经常从这样的梦中惊醒。

⑤要知道，物质只是爱情的基础，起辅助作用。如果把它提升为生活的头等大事，那么荒芜的必将是你们感情的花园。

因此，拥有家庭，热爱家庭的人们清醒一点吧！别让物欲成为你们婚姻的杀手，生活，是因为感动而幸福，没有名车豪宅，你也会因为屋檐下所悬挂的风铃清脆的叮咚声而感到愉快，也会因为小火炉中那跳跃的红星感受到真真切切的温暖。而这一切，只因有爱的存在。

第六章

别让压力蒙蔽了感受美好的眼睛

　　压力在我们出发之前,就已经做好了准备。为此,你要停下享受生活的脚步吗?不管世界变得多么纷繁复杂,都要学会从中挖掘快乐的黄金。对待生活就像照镜子一样,你对它笑,它也会给你一个大大的笑脸。在它眼中,简单即是美好。所以,你不需要忙碌奔波,落入各种陷阱中不能自拔,只要认真对待生活,品味生活,压力就没有机会趁虚而入,蒙蔽原本感受着美好的眼睛。

1. 美好是心灵在唱歌

如果你留心一下我们周围的世界，会发现它突然间变的面目可憎起来：环境不再优雅，自然也从没让人觉得美丽，人口太多，资源匮乏，物价都飞似的增长以致于必须倾尽所有精力、能力赚取维持生命的金钱，可是，竞争又太激烈了，机器也在渺视着生命……外界的压力让我们如此的疲惫，痛苦不堪。但是，如果你只是看到了世界的"丑陋"一面，就会陷于深深的迷惘之中。没错，现在的人要艰难地承受着来自四面八方的压力，也难有闲暇欣赏依旧存在的一点美好和温暖。

但是生命是用来享受而不是把每天都浪费在气愤和抱怨上的。

你应该觉察出，你对生活的不满才是导致被压力围攻的根本原因。你吹毛求疵，世界会变得一无是处，你欲望很高，世界会变得复杂繁琐。如果能让浮躁的心平静下来，以灿然的笑容去面对身边的一切，就会为自己的拥有而开心，为得到而感到幸运，为能过自己喜欢的生活而心满意足。

外界的压力如果像缺氧的集装箱那样让已经落入虎口的你感到窒息难忍了，先不要忙着抱怨箱子，以为是它夺走了你感受美好世界的权利。你要问问自己，又是哪一个把你装进去的呢？不是我不明白是这世界变化太快吗？不，改变的只是你自己，所有的压力和痛苦都是你身体里的那个欲望的小虫子造成的。

你以为自己必须要过上非一般人的生活才算得上是不枉此生，于是尽可能地搜集高档商品，把它们当宝贝似的呵护着。殊不知这些家伙却已经明目张胆地抢走了你的生活空间；

你以为自己今生今世一定要找到梦中出现的那个花园，于是试验遍了自己对工作的态度和耐心后发现自己一无所成；

你以为时间应该为你流逝，想快就快，想慢就停下来歇会儿，那才是自由，那才叫痛快；

你以为大自然都是美好的，资源都是取之不尽，用之不竭的，于是一边抱怨这块田地怎么会旱裂了，一边浪费着大把大把的水；

你以为所有的事情都已便捷到了用一个电脑都搞定，所以正在逐渐失去自理能力，每天早上眼巴巴地等着机器人端早餐过来……

平凡的生活看似简单却给你无限压力。在它的统治之下的那份无助和痛苦，与其说是天不遂人愿，不如说是作茧自缚。如此复杂的程序，只要其中某个环节有了点小差错，你的世界就会糟成一团。

美好生活，你所追求的美好，究竟藏身何处呢？

拨开重重迷雾，你搜寻着答案，生活微笑着告诉你：让你的心态清爽起来，让你的世界简单起来，一切都会变的美好。

在人群中试着绽放笑脸吧，你会看到，整个世界都会变的格外的亲切和灿烂！

2. 把你从繁琐的时尚中解放出来

你的生活已被各式各样的压力围的水泄不通了！垃圾邮件、电脑病毒、彩票，无穷无尽的娱乐活动和应酬，找上门的推销员……这一切都正在蚕食着你为数不多的独享空间。

生活是变简单还是变复杂了？很多人都觉得难以答复这个问题。是的，我们可以敲个键就为自己赚进一百万美金，但却不知不觉的被病毒偷走你所有的东西；我们可以享受网络直销的商品，足不出户就能得到你任何想要的东西，但可能要忍受永无止境的商品信息的骚扰；我们可以梦想着通过彩票一下子将自己升入百万富翁的行列，但实际上你浪费掉了大量金钱而这个梦始终没有实现。你的生活看起来是有条不紊的，但感受到的决不是轻松愉快，而是深陷于压力之网中。

其实，很难说是你成就了复杂的生活还是它成就了现在忙碌不堪的你，要相信，轻松即是美好。

①不必每天都读书看报。也许你订阅一份旅游和休闲的杂志，原本是为了给自己的生活增添更多的乐趣。然而，现在的杂志堆积成山，订阅杂志之后花在阅读上的时间增多了，而实际上你也少有时间去实现一个个的旅游梦想。其实旅游的时候，只需提前几个星期去一趟图书馆，就可以轻松地敲定旅游的目的地。

②慎用科技。有一些事情，电脑和其他一些高科技设备可以做得很好。但是另一些事情，用纸和铅笔等工具来做，会更容易一些。也让自己较少受到机器的控制。比如在电话机旁边留几个便笺会比来电话时手忙脚乱地打开电话程序记录信息更有效便捷得多。

③让你的工具功能单一化。看到每种科技产品的优点和缺点，这样就很容易让事情简单化。例如，在买手机之前，需要就它的使用说明有一个清楚的了解。不要试图让它具备几种本来用不上的功能，否则只会浪费你的金钱和时间，更会让事情复杂化。

④准备一本简单的使用手册。你是否已经把装有简易按钮的微波炉换成了电子触控、具有多种功能的新型微波炉？而且其中一些功能你从来也没有用过。再看看你的电视机、录像机、音响，甚至包括你的汽车。生活中所有的电子设备都比以前的产品具有更多的功能，而由此带来的必然是厚厚的使用手册（内容太繁杂，你甚至连怎样设置时间也没有弄明白）。那么，为什么不买使用说明最简单的产品呢？它也许不会有那么多的功能，但是只要能满足你的需要——简单。

不管你的生活还会出现什么样的问题，只要分配好你的时间，简化你的物品，不要让你的生活为了"变的出色"和拥有了能向别人炫耀的高科技产品而搞的繁琐复杂，压力不断。要知道，你已经够累了的！所以，从现在开始，不要盲目追赶时尚，让一切变复杂，就是走向简单生活的第一步，然后你就可以尽情地有滋有味地享用从麻烦中解放出来的时间了！

3. 马上来个物品大裁军

有你的生活中，物品占据着足够的分量，你大量地囤积物品，不是因为有所需求而是一种习惯，一种被广告左右的习惯。也许你可以称之为兴趣爱好，可是那么多的东西侵占了你的"领空"之后收集的乐趣就被淹没在杂乱无章中了。

于是你开始抱怨家中秩序的混乱，抱怨花大量金钱和精力购来的货物却像垃圾一样堆积成山，有时你不得不为它们另谋出路——送人或是扔掉，因为这些在你的家中已经多得泛滥成灾了。不管你愿不愿意相信，过多的物品一定会变成生活的负担，哪怕你曾经那么梦寐以求的渴望拥有。

25岁的许小姐是某时尚品牌的区域经理，每个月至少可以拿到5000元人民币左右的薪水。按理说，工作几年了，银行账户上怎么也应该有个几万元的存款。可事实上，她的账户上从来没有超过5位数。"家里人经常抱怨，每个月5000元都不够花的，从来也不为将来考虑。但我认为：赚钱的目的就是为了享受高质量的生活，而为了享受高质量的生活，即便将钱花光也无所谓。而且我自己做的就是时尚品牌，没有时尚陪伴的日子我都不知道该怎么过。"许小姐称，为了紧跟时尚的步伐，她经常光顾高档购物中心，一次就能买下几千块钱的衣服。"工作那么累，如果再不好好犒劳自己，那挣钱还有什么乐趣？"除了购物之外，为了宣泄工作的压力，她还是酒吧的常客，常会在晚上请几个朋友去喝个痛快。这样，就不仅是耗光她的钱财，而且她的家里简直就是个高档服装的收纳所，仅一个屋子的大衣柜里就挂着上百件的时装，而其

· 143 ·

中大部分根本就是许小姐买回来就直接"收藏"了，连一次让她"临幸"的机会都没有！物品的压力，几乎是每个人都必须重视起来的一个问题，尤其是生活在都市里的白领"月光族"。一个月几千块钱的薪水不够用，信用卡还给刷爆了，你大量囤积奢侈品：堆成山的鞋子，满满一整中型储存箱的高级口红，以至于你每次出门前都要在这些东西面前徘徊很久浪费时间。这时你消耗掉的不只是金钱了，还有精力。当家里面某种东西多得让你不知所措的时候，你就会丧失了对某些漂亮东西的兴趣和审美能力。当再次面对它们的时候，你将不再欣喜，而是马上逃离，将自己隐藏起来，因为——已经受不了这些东西带来的压力了。

其实，有时候远距离观察才能更懂得橱窗里一件物品的美好之处。就在商店里，和一堆其他的五颜六色的它的同胞们在一起，倒是很令人赏心悦目，如果当真一时冲动把它带回家，可能就会马上变得平庸至极，粗俗不堪，然后就会对自己的购物水平产生怀疑。其实这并不能说明你审美观有问题，而是当时在这件东西面前欣赏"万花丛中红一点"的乐趣所在。

如果物品的堆积已经让你感到厌烦，迫切地想要从这间烦闷的屋子里逃脱出去，你可以试试以下这些应对方法：

①不要再购买了！由于你已经拥有很多这样的东西，你在采购过程中就要避开商场中的某些区域，以慢慢改正自己的采购"恶习"。家里一些地方保持一定的空间是明智的，档案柜里、书桌抽屉里、衣柜里、橱柜里、储藏室里，书架上、壁炉上和壁架上。把这些地方塞满并不需要，让它们保持整洁空闲，就不会在心理上再感到有东西杂乱无章的压力。

②严格把关：从今以后，要保持简单的个人物品，对每一个进入家门的物品要再三权衡。不论是纸张和文具、小饰品、厨具、衣服，还是家具电器这样大件的物品，都要警觉地检查哪些是自己目前真正需要的。在采购之前认真检查即将进入你个人王国的物品新成员，你就可以

避免以上这些繁复的劳动。

③采购时要问自己几个问题。每次遇到一件新的物品，问自己这样的问题：它会对我的生活产生什么影响？会改变我的生活吗？我真的需要它吗？如果我决定留着它，以后容易清除吗？不保留它会有什么后果吗？这会让我的生活更简单方便吗？

④把多余的物品捐献出来。最快捷的捐赠方法就是直接把东西交给需要的人。或者捐给地方上的收容所。通常，这里的工作人员知道哪些人需要帮助并且替你把东西发放出去，这样你还可以得到精神上的满足和自豪感。

试着把自己从物品的压力之下解救出来吧！清静的生活，整洁的空间，方便的打扫，再没有比这些更让人感到舒服的日子了！

4. 寻找丢失在人群中的幸福

这个地球已经过分的拥挤了！满大街都是晃来晃去的脑袋，地铁像个被塞满了的罐头，商场的特价专柜刚准备叫卖就立刻引起了一场不小的骚动甚至是战争，大家都为抢到货物一拥而上昏了头。

餐馆不能去，因为早已没有了位子，公园也别去，除了随处可见的垃圾外你很可能无立足之地——一群一群的游人会把你身后的每一片风景都挤的水泄不通。最好的办法可能就是躲在自己的屋里上网来购买和旅游，虽然这些事情并没有多少乐趣可言，但至少你不用为人太多挤得一身臭汗生一肚子闷气而头痛。

可能你还未有所察觉，但人口压力确实正在不断蚕食着你本就为数不多的外出活动。或许刚开始上网完成生活中所必需的购物时你只是为了一个念头"cool"，终于跟得上潮流了，称得上先进了。然而，当你领略到可以用这种方法来躲开人挤人的烦恼时就完全喜欢上这种生活方式了。外出，在这个人口膨胀的时代变的越来越像是一场奢侈的梦了。这对你理想中的生活来说，究竟是种幸福还是不幸，是个崭新的开端还是毁灭的开始？

不出门，就能逃避的了城市拥挤的压力么？离开了喧嚣吵闹的人群，你就可以出尘脱俗，高高在上了吗？走出人群，回到自己的小窝儿，虽然能够感受到暂时的安全，但是没有了人们之间交往的乐趣，你的生活除了枯燥灰暗没什么情趣可言。

已经41岁的巩俐，无论国内国外都是电影界的常青树。和其他同样是凭借演技拿到影后称号的女演员成名后的迅速"退出江湖"不同，取得了一个又一个辉煌成就后的她，凭借自身的不懈努力在影坛"大姐大"的位置上坐到至今，羡煞无数年轻漂亮的小后生。不靠美貌，不靠权谋，不靠金钱，她被世人共同认可的秘密只有一个，就是亲切和蔼又从容淡定的笑容。有人问她为何坐拥大笔财富仍能保持平易近人的微笑，她说：

"我非常喜欢和普通人交往，喜欢过普通人的生活，在我回国拍戏的时候还和以前一样逛秀水街买东西，和以前一样跟小贩们讨价还价。"

说完她笑了，开心地望着记者们瞪得发圆的眼睛。

"是的，当这些小卖主们认出我来，说'你是巩俐呀'？我还会反驳说，是巩俐怎么了，巩俐也是普通人，也是要还价的！"

看完这段采访你是否会有和记者一样的感到不可思议的心情。作为明星，巩俐大可以去全球所有高档的没几个人能去的贵族商店潇潇洒洒地刷卡，也可以让她的助理从网上订购顶级产品，更可以派个私人直升飞机去把她要的东西"接"回来。总之是足不出户，脑袋里想什么立刻就能飞来什么。但是她没有，放弃的是金钱的力量，选择的是平民的生活。这不是她对于过于拥挤的平民市场拥挤情况和争吵的视而不见情有独钟，也不是原本就向往着小市民的生活，而是肯定了一种心态，一种从人群中寻找到的乐趣和归属感。

有时候你也会觉得，生活孤单又寂寞，所以迫切地想将自己抛入繁杂的人群中，这就是一种"以暴制暴"，对抗压力的方式。

在这里，有孩童的歌声，卖菜大姐的笑脸，公园长凳上老大爷杀棋时的叫阵声；在这里，有明媚的阳光驱走你身上的阴冷，有荡漾的池水碧莲涤去你生活的烦恼。不投身于人群当中，你永远都不会创作出优秀的影视作品，无法写出感人肺腑的精彩故事，无法做出灵韵十足的美术作品，无法体味到你的地位、价值和尊严，无法感受到人与人之间的关爱，无法品味到处理琐碎事情的乐趣所在。生活是一切成功的来源，远离人群，就是远离生活、远离尘嚣，你抛弃了世界，世界也抛弃了你。

不要再觉得人多了会给你的生活带来无尽的压力，不要再认为这个紧张的寸土寸金的地球会让你厌恶而拒绝走到每一个空间里去。其实，这只不过是你的心态在作祟。在你小的时候，在你未发达的时候，难道你不是开开心心地在过着普通人的生活中一步步走向成功的吗？

"人太多，到处都不干净"不过是你自认为"尊贵"的身份给你的一个借口。它不是说你有洁癖，而是说你身处的所谓"上流社会"的环境带给你的心灵的重负。在平民老百姓心中已经是"一等公民"的你难以再用普通人的眼光去看待世界。尽管事实上人口问题确实已不容忽视，但在你有生之年，恐怕还不足以成长为对你生活有直接威胁的能独立开展恐怖活动的岁数。

因此，不要再以"人太多"为理由而过圈养自己的日子吧，这不仅对你的生活起不了积极作用，让你再也无法体会到人们之间的友好和乐趣，更会让你丧失与人交往的能力，看不到世界在时刻变化的状态，人们的思想和行为方式也在改变着。记住，每天的太阳都是崭新的！你必须有足够精明的眼光去发掘人群的美丽，因为——它是你的创作之源。

第六章　别让压力蒙蔽了感受美好的眼睛

5. 快乐不塞车，心情一百分

你有没有过乘车上班的经历？不管你窝在私家车还是公共汽车里，拥挤的交通环境可是不分贵贱一律将你卷入其中，堵车已经一个小时了吗？没有比这再正常的事情了。不堵车才算是稀罕事。于是到了节假日人们宁愿呆在家里守着枯燥的电视剧看的昏天黑地也不愿去看看名胜古迹，不想去公园，不想到朋友家去玩。为什么？因为大家都不愿把宝贵的休息时间浪费在让人气愤不已的交通上！

据调查，北京市的上班族每天浪费在乘车上的时间平均是3小时，也就是说，这些社会精英的生命有一小半都消耗在上下班的路途中了，而且如果你想要利用这段时间来读书、做其他事情也是不可能的，人多的都要挤爆车厢了！这种情况下你不可避免地会出现严重的焦虑情绪，并且影响到你工作时和回家后的精神状态，城市的交通压力已经变成上班族最"痛恨"却也无可奈何的一件事情，还被写入环境学的教学课本。

有人为了8：30能准时到公司，必须6：20就起床，花15分钟把自己收拾利落走出家门，等到晚上回到家就已经徘徊在19：30左右。一天中，至少有4个小时要呆在公交车上，这还是不用加班的正常作息时间。如果你不能让自己像个钟表那样准时的话，等待你的结果就肯定是迟到和扣工资。

交通问题给你的生活已带来无法估量的影响了，尽管多数人还是向往城市里的工作，希望在繁华地段的公司里上班，因为能享受到物质的便捷和更高标准的生活方式，得到更加新鲜的潮流资讯。但事情都是利弊共存的，你在享受最尖端潮流的同时也要忍受交通不便的困扰。不是因为车辆不够多，恰恰相反，车辆过多的结果是谁都无法快速的回到自己的家中，而只能在等车与堵车中一遍又一遍地考验自己的毅力和耐心。不光是在工作日会出现交通压力的问题，休息日外出购物的时候；节假日去走亲戚的路上；去公园的路上；去景点的路上；去郊外的路上……你所能想到的休闲方式别人也都能想到，所以你又一次被截在半路上了。请问，在这种情况下你还有什么心情去享受自己的休闲之旅？所以，人们已经开始达成某种共识——呆在家里是躲避交通压力最好的方法了。

缓解交通压力所给你的生活带来的痛苦影响，虽然没有特别有效的方法，但至少能让你的心情保持舒畅，不那么烦躁，至少能让你不必在清早醒来就开始无休止的抱怨，面对乘车有一种恐惧感，至少能让你在享受自己生活的时候更从容一点而不是耷拉着一张苦脸。

①保证睡眠。如果你有充分的休息，你可能就会觉得压力小一点，从清早就开始微笑，乘车时也不会觉得拥挤的人们太讨厌了。

②每天晚上睡觉之前将第二天准备带走的物品收拾好，这样会节省你很多时间。

③不要加班，因为加班会让你的心情愈加沮丧。

④培养一种新兴趣爱好，如果你家附近有方便的运动设施的话。购物也尽量找附近的商店，因为那样不仅节省时间，更不会破坏掉你的购物好心情。

⑤如果你想做一次较远距离的游玩时就不要打上今天必须得赶回家的主意，因为那样不仅让你玩不好，还会增加你的紧迫感和压力感。还是集中一段时间让自己痛痛快快地玩一回吧！

⑥在公共汽车上听 mp3 之类的东西会缓解压力。

⑦经常维护汽车。细微调整、换润滑油以及检查轮胎是否气足这样的简单事情能省去你很多麻烦，也不会让你因为突发的汽车故障成为阻碍交通的罪魁祸首。

从现在开始，不要再让交通问题成为你美好生活的一大杀手了吧！抛开恼人的交通，你会发现，有许多事情在家的附近就可以办到，选择这种安步当车的简单生活，就是选择快乐不塞车的自在。

第六章　别让压力蒙蔽了感受美好的眼睛

6. 别让"自在"变成了"自缚"

为了解决掉工作和生活中出现的种种令人窒息的压力，最佳方式是为自己开辟出一块休闲时间来享受自在的生活。然而，要想拥有这样的时间并不是一件很容易的事情。

休闲，意味着你正在做让你真正感到身心愉悦的事情。你无法在繁忙的日程中强加入休闲，虽然希望放松，但压力却很大，即使有时间你也不知道如何休息才算是对得起宝贵的自由时光。如果你不能得到有益的休息，你的生活将是不完整的，也是毫无乐趣的。但是，你从事的休闲活动是否真的能成为你心中那个秘密花园呢？

追求高品质休闲生活的人，有时也会为"休闲"这个概念而感到困惑，他们为此而支付了大量的金钱，换来的却依旧是疲惫不堪，依旧感受不到休闲时光的任何美好。毛病究竟出在何处呢？

①盲目地追赶潮流。追赶潮流本身并没有什么过错，它只是一种生活态度，一种新新人类所追求的年轻品位。但是，如果你追赶潮流完全是盲目的，不知道自己的做法是对还是错，就最好停下追赶的脚步，以免不小心误入歧途。盲目的结果不但耗费掉大量金钱和精力还会浪费你的时间，让你的内心更加空虚而感到毫无希望。

②请忘记时间。如果你在休闲的时候仍不停地看表，休闲活动就会从轻松的气氛中出走，一切活动都会变得紧张，更可怕的是，你有可能将休闲活动当成人生的一种浪费！

③休闲不等于要去度假。好不容易得来的一个月的长假，你决定出去旅游，可是突如其来的航班取消，旅馆预订出错，丢失行李，目的地与理想不符等原因，使本来满心向往的度假变成了可怕的噩梦。

④不要认为其他人在7月时要去海滨你也必须要去。这样的话你除

了看到大批的人口向那个本不大的海滩迁移外根本感受不到大海的美好所在。海水也因此变成暗灰色来表示抗议了。另外，在旺季去海滨也意味着需要支付比淡季贵几倍的价钱。这一些都会让你的休闲时光变得沮丧和劳累。

⑤虽然说休闲纯属个人行为，但有时候你不得不招呼朋友与你一同前去。如果你不是群居动物，那这番玩耍的痛苦可够你受的了。所以，尽量把休闲时光留给自己。不要试图控制别人也不要让自己受控，留点时间玩拼图，听音乐，种花种菜，都要让自己说了算。否则你可能宁愿放弃不自由的休闲时间。

也许你对上述的观点感到英雄所见略同，这就意味着你的生活中也存在着休闲压力的痕迹。罗宾逊在《休闲杂志》上说："高质量的休闲能够扩展视野，学习知识，给予挑战，激发活力，让人产生一种成就感。"

休闲是一种时尚的生活，当你紧张的时候，当你烦躁的时候，当你心烦意乱的时候，休闲是惟一能让你得到解脱、重新获得力量的方法。只是，不管你选择是贵族式的休闲，还是平民样的串小店逛街，都要记住一个原则：休闲就是自我解压，过好自己的就好，不要让休闲也成为生活的一种负担！不要让休闲失去了它的纯真与美好！

7. 在压力中偷得美好

这个世界也许现状真的不是那么乐观，可是，这跟你有什么关系呢？过好你的简约生活就好嘛！在高速转动的社会里，无论是谁，无论年纪大小都生存在压力的重围之中，想冲破阻力回到无压或压力小的时代，那简直就像凭自己的肉身冲破大气层，踏上不知名的空间回到古代一样的艰难。面对压力的恐吓，相信以你内心的坚定和淡然，对它抱之灿然一笑，它就会被你的胆量所慑服，乖乖地远远走开。

压力控制不了美好，美好却可以在它的面前大摇大摆地走来走去展示自己的魅力，只要你将它放在心里。世界很大，人心很小，小到一件东西就可以装满。是仇恨还是爱慕，是憎恶还是欣喜，关键是你的选择。

所以，简简单单的你，自自然然的你，有了能控制情绪的心态，就有了对生活指挥若定的能力。

面对外界的压力，你的态度能决定它是魔鬼还是天使！

①确认自己出生在一个相当复杂的时代，然后规划自己的生活，不要被机械控制，不要被人群左右，你可以过属于自己的生活；

②在人群中寻找美感和归属感，在每一个角落都要学会微笑，生活并没有你想象的那样复杂可怕；

③尽量精简你的物品，不要让它们成为你生活的负累。另外，简约生活还可以医治你许多疾病，嫉妒、贪心、攀比、轻浮、自傲……

④交通问题既然无法化解就让整个乘车过程生动起来吧！听听音乐，聊聊天，你可以认识许多新朋友；

⑤世界的自然之美并没有完全改变，呼吸阳光的味道你就可以确定这一点；

⑥旅游是时尚，更是生活中必不可少的一部分。还是准备展开更加有效的工作，保证一路顺风的重要措施，所以做好旅游之前的充分准备吧；

⑦选择有趣的休闲生活。这样你的日子在繁忙中会变得快活和年轻起来；

⑧为自己构建一个能维持健康和活力的食品金字塔，你的生命会站在塔尖上俯视整个世界。

欣赏这个世界，有点压力算什么！强健的身体，从容的态度，宽恕一切的微笑，在驱逐了所有的恐惧和失望的压力乌云后，生活的森林中就发现了美好这个宏伟无价的城堡！

第七章 把外在压力化为激发自己的动力

压力是一把双刃剑,成也萧何败也萧何。在压力的手心里,可以轻松地摧毁一个人,也可以潇洒地成就一个人。这取决于你用怎样的态度去看待压力,看待它所带给你的种种困难、失望和痛苦。只要你不助长这个时刻藏在自己身边的恶魔的嚣张气焰,而是鼓起勇气迎头而上。压力,就会奇迹般地变成指导你的生命之舟驶向成功之海的天使。

1. 给老虎一个热情的拥抱

有人说成功源于一种心态，这是不无道理的。在人的一生中，积极的心态所产生的巨大精神力量能助你走出任何风雨迷途，迈向人生的最高殿堂。

有时候，压力真是一种挖掘人巨大潜力的有效工具，它能还给体弱者健康，让失败者获得成功，贫穷者富有，懦弱者坚强，自卑者勇敢，愚笨者聪明……它简直就是一根点石成金，化腐朽为神奇的超级魔棒。如果一个人能够正视现在他所遭受的压力，用坚强的肩膀扛住它，并对生活满怀热情，有信心、有希望、有真诚、有爱心、有毅力，绝不悲观、失望、自卑、虚伪和狡诈，那么这种人就具备抵抗一切挫折和不幸的素质，同时也是他走向成功之路必不可少的良好品质。

如果你不认为压力能有这么大的作用，那么压力至少可以证实一点，就是它能克服人们的惰性，促使人们去完成某种事情和任务而不至于在百无聊赖的松懈日子里一事无成。

在国外，早有研究者对各种各样的 stress（压力）进行研究，从压力的产生机制到对人身心的影响，以及应对策略等都有较多的成果。同时研究还发现，对压力本身及产生机制的认识仍是应对压力的一个重要方面，正所谓"知己知彼，百战百胜"，试着去拥抱压力吧，它正需要得到你的理解和认可呢。当把它当做和你并肩奋斗的一个朋友时，会发生什么变化呢？你们将化敌为友，在你需要的时候压力挺身而出，给你力量；而你也不再时时为压力而烦恼，因为你知道你需要这个朋友。试想有一天世界上没有了压力，人类还会进步吗？你还会努力求得发展和进步吗？所以，压力不是敌人的角色，而是我们身边一个忠诚的朋友，一个光荣的"地下党"，同样，它也需要你的关注和积极配合才能助你发挥出巨大的能量。

曾经看到过这样一个小故事，觉得挺有意思：

"在生命中，当一只猛虎接近你的时候，我们可以选择转身逃跑，但是这样老虎很有可能咬到我们的屁股。我们可以对着老虎惊声尖叫，而那样我们的脑袋会被咬掉。我们也可以保持镇定，气守丹田，给老虎一个深情的拥抱（大家知道，老虎也需要爱），当我们勇敢地去拥抱猛虎的时候，我们会发现它是一个强有力的盟友！"

虽然你遇见了老虎不可能给它一个拥抱，但是如果你的智慧加上老虎的力量，却可以战胜丛林中任何猛兽。压力，不正是陪伴在我们身边这个让人又爱又恨的老虎吗？

正视压力，努力和它化敌为友，这种态度和做法会让你无往而不胜的！

压力绝对能为你的成功人生助上一臂之力。

2. 把积极这块蜜糖装进你的口袋里

人的精神状态很重要。压力太大会让你产生挫折感和失败感，深陷其中觉不出希望所在，压力太小又会让你终日碌碌无为如行尸走肉。只有将压力的开关调节的恰到好处了，才会激发出你的潜能，才会让你以饱满的姿态前进在奋斗之路上。

大家可能听过这样的故事：

一辆汽车眼看着要翻倒，而旁边一个小男孩正在专心致志地搭积木。这惊心动魄的一幕被小男孩的母亲看在眼里，这位母亲一个健步冲到小汽车旁，那速度简直连刘易斯也无可比拟，她用双手、肩膀托住汽车本身。奇迹发生了，这样一个背着40斤白面就会气喘吁吁的女人竟托住了庞大的汽车，而她的孩子此刻才意识到危险。

当那位母亲面临即将丧子的巨大压力时，她就会爆发体内蕴藏着的无尽的潜能，我们也一样，也是有无尽潜力的，只是还未有刺激的事情将它开发出来而已。面对压力，一旦你下定决心要将它的出生之源消灭掉的话，你的力量就会强大到不可思议。

诺曼·考辛斯是加州大学洛杉矶分校医学院里的精神及行为科学系的助理教授。

25年前，医生们告诉考辛斯，他只剩下不多的日子可活了。也许大多数人听了会一蹶不振，从此委靡下去。但是考辛斯以持续的希望和决心，藐视医生们的劝告，否定他即将死亡的预测。几年中，他创造了医疗自己身体的处方，以维生素C、肯定的思想、欢乐、信仰、幽默和希望配合着使用。

7年之后他仍旧活着，但那时他又患了另一种致命的疾病——僵化脊椎炎，这是一种会引起脊椎骨与关节的相关组织逐渐分解的疾病。考辛斯再一次为了自救而设定计划，他服用大量的维生素C并采用"幽默治疗法"，有计划地看马克斯兄弟的搞笑电影，谈詹姆士·沙伯和罗伯·班奇里的喜剧作品。后来他说："我很高兴能发现十分钟的开怀大笑具有麻醉效果，因为它能给我两个小时无痛苦的睡眠。"

"没有人能对我说，克服意志消沉的能力不会在我们的体内产生有益的生化反应。"考辛斯说，"我们可以凭着信念让自己活下去。"

他第三次面临死亡的打击是在1981年，当时他心脏病发作。他知道恐慌是紧急状况时的最大杀手，因此他要自己尽力保持镇定。

"我有自信可以处理它，我知道在紧急状态下是否具有信心是生死攸关的。恐惧的代价如此之大，所以我会把自己从恐惧之中拉回来，"

考辛斯的经验让他相信，心灵比药物更有力量，他所说的事实，比健康专家所能提供的更值得注意。如果人类的心灵能制造它自己所需要的药物，那么这不只是一件不该被忽视的事，而且应该被列入所有医疗方式的范畴。

诺曼·考辛斯以乐观和信心面对恐惧，终于使自己身体内部的痊愈力完全发挥出来。循着信念的指标前进，你也能发挥不平凡的力量而成为胜利者。走没走过的路，尝试新的办事方法，可以发掘出你的潜能。忍受焦虑并且全力以赴地冒险，你将获得自己都无法预料的成就。如果你对害怕的反应就像失败者一样迫不及待地选择逃避，那么你将必须忍受生命中另一个相关的压力——忧郁的侵扰，并且这种心灵上的认输让你永远无法再鼓起勇气走向成功。

压力能还给人生命，这不是奇迹，而是必然。

同样，贫困的压力也能唤出潜能。一般人都为生于贫穷之家而苦恼，而一位哲人说："生为富家子弟的人，仿佛负重赛跑的运动员。大多数的富家子弟，总是不能抵抗财富所加于他的诱惑，而陷于不幸之中。这一类人往往不是那些穷孩子的对手。"

这位哲人有自己独特的见解。生于贫穷之家，表面看来是人生的不幸。但同时给贫穷孩子提供了巨大的生存空间。往往越贫困越能激发人的潜能，为了摆脱贫困的境地而奋斗，很能造就人才。这样的例子在我们的周围比比皆是。

美国有许多侨民，在最初踏上美国这片国土的时候，受教育程度并不高，语言也不通，既没钱又没朋友。是贫困的压力激发了他们内在的潜能，召唤出了他们的智慧，为生存为发展而努力，最终获得了富足的生活和优越的地位，使千万个有钱财、有机会并受过良好教育而无成就的本土青年羞愧得无地自容。

潜在的智慧是通过不断与困难做斗争而获得的，伟人都是在与困难的搏斗中产生出来的，不在困难阻碍中奋斗而要想锻炼出能耐来，是不可能的。一个生长在优越环境中的青年，常依赖父母而不能自食其力的青年，从小就被溺爱惯的人，是很难激发起自身的潜能，也是很难取得成就的。贫困确实可以激励人、锻炼人、成就人。

试想一下，假使一个青年不被生活逼迫着去工作，他将怎样呢？假使不用劳动，就可以获得他所要的东西，他将怎样呢？假使他已经得到了他所要的东西，他还肯奋斗吗？

我们诅咒贫困，我们要摆脱贫困，我们还要感谢贫困，因为贫困能激发起人的巨大潜能，让你行走的日子充满激情，慷慨高昂。

那么，究竟怎样才能使自己具有一种面对困难和挫折都不气馁、不退缩的积极状态呢？

①评估新形势

环顾当前形势，评估将来的变化，然后更要知道怎样接受既成的事实，最重要的是应该实事求是。这样的话，一切已在你掌握之中，有助你重振旗鼓。

②三思而后行

你自觉前面困难重重，如履薄冰，得冒未知之险，那么，应该思前想后推敲种种可能性。毕竟，你还有你的才能、朋友，大可另谋出路。因此，即使发生了最坏的情况，你也不至于不知所措，而且很快就能挨过去，拨开云雾，晴天就在眼前。

③把悲伤发泄出来

不管是什么原因造成的，若是伤心便放声大哭吧。要重拾新生，势必经历一段痛苦的过程，可是，这是必然的代价，亦是一个重要教训。

④建立起自信

对待不利的境地要选择永不妥协的态度，冷静下来，好好重新认识自己、努力重拾自信、重建自尊。不妨细数自己还拥有的财富，借此鞭策自己昂首向前，披荆斩棘。

⑤抱乐观态度

每当遇到挫折时，就跟自己说："这不是最糟糕的。"虽然这算不上是什么妙法，但至少能自我安慰一番。事实上世上也没有过不去的河。

⑥懂得自我安慰

另一个极有效的方法是跟自己说："我还活着！就算我的同事、朋友或恋人弃我而去，就算我身无分文，我也不会因此从地球上消失。"

⑦要自强不息

别不断地自我批评。脑海里整日满载这类消极的声音，只会令你意志更消沉，连你自己都不自重自强，别人又怎么会看得起你呢？

人的一生总是与坎坷相伴的，没有压力，也就无所谓愿望、成功、目标、奋斗……失去了压力也就失去了一切的人生滋味。让压力来开启我们的潜力阀，选择迎接挑战，迎接暴雨和彩虹的生活吧！

3. 欲海无涯苦作舟

每个人都有无穷无尽的欲望，这些欲望可以使一个人受到尊崇，获得地位、名誉、金钱……也可以将人推入恶魔之道，推入万劫不复的深渊。没有欲望你不会愿意去流汗、流血，不会愿意去体验奋斗，当然也就不会成功。

不管你承不承认，在你心底，总是会有许许多多的欲望难以抚慰。并且，你时刻准备着要为之奋斗，为之奉献一切。拿破仑说过："不想当将军的士兵不是好士兵。"如果没有欲望所燃烧出的巨大热情的支持，你是永远品尝不到成功的蜜果的。当然，欲望也会带给你人生许多麻烦和压力，但对于向往成功的人生来说，却是一种良好的启动剂，它所盘踞在你心底的火热在燃烧中产生出巨大的推动力，促使你不断前进。

保罗·柯林斯说"我想成为一个画家，""这是我的一些作品。"他的手微微颤抖，拿出几幅图画放在会议桌上。一大片夏日阳光下的原野，用色鲜明而大胆，植物夸张而诡异。收购的人说："非常好！"保罗平静地回答，"多谢！"然后忍着不可遏止的笑意，又说："它们的确不错，不是吗？"

保罗是一个黑人，家里并不富裕，所以虽然他的老师都肯定他的才华，他们还是建议他找一份"正当的工作"，以绘画作为业余爱好就可以了。保罗拒绝听从，他相信自己，他为这个梦想，为了满足对色彩和图画的欲望。愿意冒一切风险。

可是他的老师们再一次告诫他说："你卖画不足以维持生存的。"但是他并没有听，终于，在他18岁时卖出第一幅画，后来，在他的坚定的信念的支持下，他克服了一个又一个的难题，终于成功了。

大部分人都不是天才，但他们却做成了天才才能做到的事情。这是为什么呢？究其原因不难得出，一个在心底有所追求的人，会把自己全部的精力，全部的心血压在自己所热衷的事情上，并愿意为它们倾其所有。世界的本来面目就是这样的，人的潜能无限，只要你大胆去想，专心去做，没有什么事情是成功不了的！

那么，如何培养自己"以成大事"的欲望和热情呢？

①认识你自己

你是否有过想取得某些成就的雄心壮志，你曾经愿意为了它而付出过努力吗，为什么现在的你放弃了这个愿望了呢，是因为努力和收获不成正比吗？好好想想这个问题，然后回答自己，如果你还想重拾这个梦想的话，就要下定决心采取措施来增强你的能力，提高你的技术，更好地武装自己。

②你的欲望有没有更高的价值

当你准备为了梦想而努力之前问一问你想晋升到高级管理位置甚至副总裁时，你的目标仅仅是增加一级的工资或谋得一官半职还是想努力积累经验，为今后开创自己的事业做好准备呢？

③你是否是一个勤奋的人

你有没有把时间浪费在闲聊无关的小事上，你愿意为工作付出你的休息时间吗，你不愿意去读能够帮助你的欲望实现的书因为你周末在家只是想睡一整天。而且当事情进展的不太顺利的时候你就会失去耐心把它丢到一边了。如果你这么做的话很可能马上就会丧失对某些事情的成功欲望。

④对你所追求的事情你是否能做到持之以恒

如果奋斗过程中出现了棘手的麻烦事，你是叹了口气但还是继续做下去并坚持把它办好才罢手，还是一直拖到最后才胡乱应付了事呢？持之以恒基本上是所有成功者的制胜法宝，如果你没有这种精神，恐怕就很难见到成功之神了。

⑤面对你的欲望你是个现实主义者吗

尽管你知道自己不会走红，但你仍然相信你愿意得到它吗？你能够有足够强大的精神力量来支撑你抵御外界不能理解的压力吗，是否又能清晰地认识到在某些方面所缺乏的东西在其他方面可以得到弥补吗？总之是你为了实现自己的梦想有没有做好应付一切突发事件的能力？如果答案是否定的，你最好给自己重新换一个目标。

作为一名普通人，我们的想法不过是：有可以养家的钱，就够了。很少有人在心底迸发出成功的欲望。其实，不论什么人，不论他出身、地位、相貌如何、金钱多寡，只要他有成功的想法他就有可能成功，只要将这种想法转化成热切的欲望，然后为它不顾一切地行动起来。为了实现梦想的努力即使最后失败了，你也会因此而获得宝贵的经验，也会因此而更进一步登上成功的顶峰的！

▶ 4. 像超人一样变得所向无敌

人们总是习惯了现实，所以往往一事无成。当你凝视生活时，发现它竟是那样的不尽如人意。对于此种情况，你是选择逆来顺受，还是努力改变呢？虽然改变意味着你将有所失去，意味着来自四面八方的声讨声和一浪接一浪的困难，但如果你不气馁，最终也是一样会战胜它们。

有时候你总是哀叹，没办法，谁让自己命不好，生活总是不尽如人意。然而，你究竟明不明白，把自己关在命运圈中的是你自己，掌握人生如何演出的也是你。有句话说："只有自己才是自己的最大敌人。"在令人感到毫无生趣的环境中，如果只是一味地消沉，一味地让环境去磨光你的斗志，磨掉你的勇气，不如退出来为自己找寻一条更适合自己的路！

"生命的脚本可由演出者的主观意志加以改变"。杜柏林说，这告诉我们即使你是输家脚本也不是与生俱来的，你也可以决定不再依赖脚本过日子。

问题是，你愿不愿意正视你的现状，愿不愿意改变你的消沉意志，而选择奋勇前进？愿不愿意为了理想而改变自己。

只要你坚信，不管你是20岁、30岁还是40岁，照样会取得成功。到那时，你的敌人将不再是敌人了，而会变成了朋友。你战胜了自己，给了自己所梦想的一切，压力将会变成引导你走上光明之路的幸福天使。

许多人不愿改变生活是因为害怕改变后会更加困难。我们都害怕不可预测的一切。当我们遇到恐惧的事时，我们有三种选择：可以逃避；可以忽视它；或者可以鼓足勇气奋斗到底。

约翰·弥尔顿说："害怕变革使得君主们感到困惑。"当生活可以预测时就舒适得多，熟悉的事物中有一种安全感。

让你自己下定决心，彻底改变生活方向并非一件简单的事，你需要严肃认真地经过思考，它会产生一种无法预测的感觉，它涉及冒险。需要有决心，需要痛苦的搏斗。除非你下定决心，坚定信心并采取行动，不然你会保持原状。也就是说，不在压力中选择斗争，就会永远保持不太如人意的现状。然而，这两种情况都是必须经过严加考虑的。

罗伯特的母亲在他出生刚18个月时就因心脏病而不幸去世，可怜的罗伯特被祖母领到一个农场。在农场里，罗伯特没过上一天舒心的日子，罗伯特小小年纪就开始做杂事，一直干到15岁。

罗伯特的童年是在孤独之中度过的，在读完中学后，便进入一个工厂当了工人。有了手艺，有了活计，生活似乎也将就此稳定了。可是当他想起自己所遭受的种种不幸，在看到同龄的小伙伴一个个继续读书深造后他做出了决定：他要改变目前的窘境，要超越现在的自我。

于是，他进会计班学习，并寻到一份好工作。白天他整日工作，晚上就去曼塞维尔大学上课，即使周末也不休息。

直到有一天，当罗伯特发现自己对零售业比较喜欢时，他就辞去了会计工作，做起了零售商，在他几年的努力下，获得了成功。接下来，罗伯特成立了一个百货进口公司。使自己跻身于商界。

如果在生活中，你还碌碌无为，那并不是说，你今生就止步于此了。而是你的潜力还未被挖掘出来。因为你的懦弱而让自己变的异常渺小。所以，把现实的不如意当成你要与之抗争的命运，只要你仍对人生有理想，你的动力就会源源不竭。只有你自己才能改变你的生活。

那么，怎样的"变身"才能让自己潜在的能量如原子弹般爆发出来呢？

①考虑一下你内心深处渴望的梦想——想做的事，想去的地方，找到它们与你现实生活间的某些差距。也许这个差距是巨大的；

②了解你自己及你所从事的工作的最大价值。如果你敢于向生活挑战，敢于向自己挑战，生活的压力便会转化为推动你上进的动力。

③朝着自己准备冲击的方向勇敢奔过去。穿过那片长满荆棘的丛林，你就会看见梦想中的花园；

④可以不想象"那是成功的我"，要对自己说："那是我所满意的我"，精神上的鼓舞能给你巨大的信心和动力；

⑤不要浪费时间，不要漫无目的地瞎干。不要有不健康的人生观。这些都是把你引入歧途的魔鬼。无论何时，只有用积极的态度对待人

第七章 把外在压力化为激发自己的动力

· 163 ·

生，才能实现你对生活的美好愿望。

　　用勇气和毅力去实现你的梦想吧！准备好打破束缚你的瓶颈，不要让自己如同灰尘般的渺小。要努力穿过云层，奔向高空去迎接水气，变成美好的露滴，才有可能拥有滋润万物的胸襟和力量。

5. 会当凌绝顶，一览众山小

　　面对手头似乎总也完成不了的工作，你是会像只驼鸟一样把头扎进土里躲避危险，还是迎头赶上，与之抗争一番呢？相信大多数勇敢的人都会慨然接下繁重的任务，干个漂漂亮亮再拿给经理看。更有许多人在压力的"逼迫"下打破了"自古华山一条路"的迷信，找到了其他的路径，在别人还在痛苦迷茫的时候哼着小曲攀上顶峰，获得了人生的巨大成功。

　　在一个人的所有成就中，沿着先人开辟出来的通路走出来的成绩就是不会让人感到满意，自己亲手造出的哪怕只是一只丑巴巴的木头小狗也会让人欣喜若狂。创新，不仅仅能帮助你摆脱工作困境的樊笼，更重要的是，它会让你的生活从此丰富多彩起来，人生从此辉煌起来，它是成功的开始。

　　艾伦·莱恩出生于英国，17岁进入伯父开办的鲍得利·希德出版社工作。伯父去世后，莱恩继承了伯父的事业。1935年，他出任该出版社董事。

　　但此时，出版社已是严重入不敷出，举步维艰了。为了使伯父创办的这项事业不致毁在自己的手上，莱恩苦苦思索着，他知道：只有另辟蹊径才能柳暗花明。

　　在无数次的对书籍的调查比较后一个大胆的念头触发了莱恩的灵感，一个大胆的设想跃上了他的心头："出版价格低廉的平装书，肯定能赚大钱!"

莱恩的举措在英国出版界引起了强烈的反响,同行们议论纷纷,都说他这不仅是自我毁灭,而且也将会使整个书业界受到严重的影响。就连莱恩的亲人也对他的计划表示怀疑,但莱恩认定这是他的企业走出困境的惟一出路,终于说服家人使这一风险计划得以实行。

经过这一系列创新尝试,莱恩新推出的一套书,不仅装订简单、字迹工整,而且色彩鲜艳明快,令人耳目一新。

这样廉价的书必须薄利多销。莱恩心里清楚:只有每本书的销售量达到17500册以上,才能保住本钱。因而,他派人到各地去宣传、推销……

1936年7月是个值得庆贺的日子,第一批10卷本企鹅丛书正式问世,不到半年时间,这套书就销售了100万册。创新是成功的动力,莱恩正是依靠创新迅速获得了成功。

莱恩的成功足以说明,在竞争日益激烈的今天,如果不拿出点别人没有的"绝活儿",是吸引不了人们的目光的,更是无法走向成功,在职场上,为了生存,你必须不断完善自己,不断进步,以保持自己的新鲜活力,让自己看起来永不落伍而不被淘汰。让自己不"贬值",一个切实可行的办法就是让自己手里"有点货",让自己掌握一门独到的技术,让自己有一项创新的项目,只有这样你才会笑到最后。那些在工作中不思进取,知难而退的人们,早晚会被一代一代的新生力量所挤掉,更不要谈什么成功了。

也许你说,我可不是什么科学家,不可能创新的,千万不要这样想,它会毁了你。创新不是让你发明新型的洲际导弹,而是说,尽一切努力让自己变得与众不同,更加有竞争力。

有许多方法可以激发你的创意,这里先介绍几个行之有效的供你参考:

①日常工作中往往会冒出许多好点子,不要让创意在懒得动手记录

的习惯中白白飞走，要随时记下来

我们每天都有许多新点子，却因为没有立刻写下来而消失了。基本上每一个经常写作的人随身都带着纸和笔，灵感一来，立刻记下来。有丰富的创造心灵的人都知道：灵感可随时随地翩然而至，不要让它无缘无故地飞走，错失了你的思想结晶。

②回味你的创意看它是否有能实现的可能

没有价值的点子要毫不吝惜地扔掉，不要让它们占据你的空间和大脑，比如你想制作一台永动机。

③继续培养及完善你的创意

要增加创意的深度和范围，把相关的联合起来，从各种角度去研究。时机一成熟，就把它用到生活、工作以及你的将来上，以便有所改善。

当建筑师得到一个灵感时，他会画一张蓝图；当广告商想到一个促销广告时，会画成一系列的图画；当作家写作以前，也要准备一份提纲。

④不要放过每一个转瞬即逝的灵感，没准你会因此而取得难以置信的成功

⑤不要瞧不起每一个也许"看起来"不会成功的主意

几乎所有的成功之士都是在自身实力的基础上看准时机及时捕捉并借此良机冲向目标的。你所要做的就是留心、留心、再留心。机遇从来都是有心人创造出来的，有时候，创新所带来的巨大机遇足以让一个人从身无分文变成富可敌国。个中关键是，对待各种各样的压力，你是积极地去面对它解决它，还是任其宰割。只有懂得享受压力带来的痛苦与快感的人才会更容易创造出令压力俯首称臣的东西。这也是为什么伟大人物总是无所畏惧的原因。因为，压力是可以用智慧的头脑去战胜的！

6. 更上一层楼

虽然比较算不上是什么高尚的行动，但是从与人的比较中，我们会很明显地看到自身的不足。进而萌生出完善自己的意愿。从某个角度来讲，比较亦是照出自己缺陷的一面明镜，有时从比较中感受到的压力会激起你强烈的斗志。

在人们心目中攀比绝对是个贬义词，它代表了冲动、嫉妒与贪婪。但对它的同胞兄弟"比较"来说，我们不得不承认的是，比较是会给人生带来改变的一种巨大能量。没有比较的人生是看不到差距的，没有比较的人永远只想赖在原地不动，没有比较就永远没有向上的动力，没有目标，没有希望，没有比较甚至所有的事物也都无发展前途可言。所以说，比较是一种效果非常好的催化剂，它能促使你步入成功的殿堂。只不过要注意的是，比较是不完全等同于攀比的，它不是盲目的追求，不是为了超出某某某而经过一番拼杀后终于拥有了可以炫耀的资本，而是为了自己的更强大，为了让自己更接近成功的目标。

1929年，乔·吉拉德出生在美国一个贫民窟，他从懂事起就开始擦皮鞋、做报童，然后又做过洗碗工、送货员、电炉装配工和住宅建筑承包商等等。35岁以前，他只能算是一个货真价实的失败者，朋友都弃他而去，他还欠了一身的外债，连妻子、孩子的温饱都成了问题，同时他还患有严重的语言缺陷——口吃，换了四十多个工作仍然一事无成。看到自己的生活与别人的差距逐渐拉大，看到从前的朋友换上了新车而自己依然一无所有，看到了别的家庭都其乐融融地准备圣诞晚餐而自己的妻子还在为用少得可怜的蔬菜做些什么出来而犯愁。这一切都让乔·吉拉德感到沮丧，同时他也觉得要为改变这种生活做些什么，于是他开始卖汽车，步入推销生涯。

刚刚接触推销时,他反复多次对自己说:"你认为自己行就一定能行。"他相信自己一定能做得到,他以极大的专注和热情投入到推销工作中,只要一碰到人,他就把名片递过去,不管是在街上还是在商店里,他抓住一切机会,推销他的产品,同时也推销他自己。三年以后,他成为全世界最伟大的销售员,谁能想到,这样一个不被人看好,而且还背了一身债务、几乎走投无路的人,竟然能够在短短的三年内被吉尼斯世界纪录称为"世界上最伟大的推销员"呢!他至今还保持着销售昂贵产品的空前纪录——平均每天卖6辆汽车!他一直被欧美商界称为"能向任何人推销出任何商品"的传奇人物。

对待自己是不能过于宽容的,客观地做出一个评价,认识到自己的不足是种宝贵的财富,它能帮助夜郎自大的你走出渺小无知,让你知道天外有天,人外有人,甚至能帮你重新认识自己,重新将生活定位,帮你找到真正属于自己的人生起点。不得不承认的是,挖掘自己的缺点是件很让人痛苦的事情,它完全可以击垮你的自信和尊严,但是,一个能清醒的评估自己,认清自身缺点和与他人差距的人才是能够不断完善自我,成就自我,并且士气高昂、快快乐乐地去工作和生活的人。那么,对待自己和他人的差距应该怎么办呢?

①划定你心目中的偶像,读他的传记,看看自己距离这样的成功还有多少路要走,让这些书成为指导你做事、做人的励志教材。

②看周围你羡慕的人们在性格、能力等哪些方面比你占有绝对优势,想尽办法来弥补自身的这种不足,要让心中的羡慕和嫉妒变为自己准备迎头赶上的不竭动力。

③确定了你的人生目标后,要及时给自己定位,发现自己的天赋和特长,增强自己在这一领域发展的自信心。

④给自己定一个计划,坚定不移地按这个计划去完成,每天完成一点点你也会很快接近你的人生目标的。

⑤把所用的知识都学到手,知识永远是第一生产力。不要以自己没

有某某人学历高等作为借口来逃避奋斗过程中所出现的困难。

最后,当我们为着自己的目标,为着这逐渐缩小比较的差距一步步努力时,会发现原来成功也是件简单的事。关键是,你能否将差距变为激发你不服输的本性和潜力的有效工具!

7. 小忍才能成大事

面对别人的责难或是强加在你身上的"不公正待遇",相信你已经愤怒至极忍无可忍了!但是,愤怒是毫无意义的,它只会让你一时冲动做出伤害他人伤害自己的事情。面对愤怒,你应该学会控制自己,马上平心静气,默默走到一边,心里暗暗发誓,一定要做出个样子来让这群家伙瞧瞧!

在工作中,在生活中,人们遇到的不平事多了去了,如果大家都狂暴不安,立刻大打出手的话整个世界会乱到极致,并且谁都不会服谁,谁都不会尊敬谁,最后玉石俱焚,鱼死网破。面对这样那样的让人愤愤不平,感到屈辱的事,聪明人会立刻闭上嘴巴,忍辱负重,暗自砥砺。他们相信,终有一天会迸发出让当初给他们难堪的人抬头仰视的夺目华彩!不得不承认,屈辱的压力也会是一种催人向上的动力,愤怒的泪水也会浇灌出成功之花。个中机要是,无论你现在的处境多么令你感到委屈、难堪,要懂得忍耐!这也是磨炼你坚强上进个性的第一步,更是你能成就大事的关键所在。

古代有一个名人,可称得上是忍耐的典范。刘邦,这个小家小灶里走出来的平民皇帝,最是能忍下怒气的。分明是他先入的咸阳,项羽却不遵守讨伐秦国时天下大大小小的英雄们在楚怀王跟前立下的"先入咸阳者为王"的诺言,不仅把刘邦赶到险山恶水的四川蛮夷之地还要在鸿门宴上将刘邦赶尽杀绝,面对这种不公正待遇,刘邦忍下了,因为他必须留下自己的性命。当他在抵抗外敌的侵犯时韩信派人送信过来，告诉刘邦如果你想让我的部队过来营救你，就必须给我分出一块地皮来让我也当个大王，尝尝滋味，这分明是趁火打劫嘛。可是在这种情况下刘邦又一次忍下了熊熊燃烧的怒火，说我答应你，因为他还得靠韩信这员猛将争取天下。由此可见，忍耐是有好处的，忍得一时之气，你就可以让头脑清醒一点，让感受到的屈辱更强烈一些，让克敌制胜的好主意实行起来更迅速一些。有时候，忍耐还能成就自己在别人面前良好的形象以至于人们都有了和你交往的愿望，因为你的大度能赢得别人的尊敬和好感。

"二战"时期的苏联名将什捷缅科是一位才华横溢的年轻人，深受斯大林的宠爱。一次，苏联一位著名元帅受命去波罗的海，协调一、二方面军的行动，年轻的什捷缅科作为他的参谋长同行。这位元帅非常看不起青年将领，认为他们只不过会纸上谈兵加上好运气而已，因此在火车上，元帅对他突然说："为什么让你跟我一起去？是来监视我的吧？白费劲！你还在桌子底下跑的时候，我已经率领着成师的部队在打仗！革命开始的时候，你有几岁！"什捷缅科为顾全大局，忍下了这种无理羞辱，老实回答："那时候，刚满十岁。"接着又表示了对元帅的尊重。这才化解了二人之间的冲突危机。后来在他们二人的合作下战争取得了胜利。几年过去了，他们两个已经成为忘年之交，以至于互相舍不得分开。你看，很多时候暂时忍耐一下是智慧的表现，如果当时年轻人气不过撕破脸皮的话，这场战争的命运也许就会被改写，他们也会成为水火不相容的敌人。看来不仅中国人懂得，所有人都懂得"小不忍则乱大谋"的道理。古今凡能成就一番事业的人士十之八九都有能包容天下不平之事的宽广心胸和"额头上能跑马，肚子里能撑船"的气量。

人要想建功立业，取得出色的成就，就要识时务就要善于利用客观形势的发展变化，因时制宜，相机而动。在别人的非难中更要顶住压力，忍得一时之气，就会"留得青山在，不怕没柴烧"。反之，如果在客观条件不具备、不允许的情况下，不讲究策略，不善于韬光养晦，一味地硬拼蛮干，人家举起个棒槌你就马上冲上去和人家拼个你死我活的话，就可能一事无成，或于事无补，甚至连性命都得赔进去。这便是忍辱负重韬光养晦在逆境中的积极意义。

一个人想要有所成就，就不能追求时时都高人一等，事事都争先，否则就会引火烧身，这样只会变成人家攻击的靶子，只有暗自砥砺才是成大事的基本原则。

低下头起码有这样几个好处：

①你很主动地低下了头，不致成为明显的目标；不会因为头抬得太高而把矮檐撞坏。要知道，不管撞坏撞不坏，你总要受伤的，尽管你的头是"铁"的，但老祖宗早就有"伤敌一千，自损八百"的古训。不能因为脖子太酸，忍受不了而离开能够躲风避雨的"屋檐"。离开不是不可以，但是必须考虑要去哪里。

要知道，一旦离开，再想回来就不那么容易了。

②有意识地主动消隐一段时间，借此机会认真观察各方面的情况，着手消除各方面的隐患，为将来的大举行动做好前期的准备工作，这就是"以退为进"的道理。

③忍让、容忍的目的是为了让自己与当时的环境有和谐的关系，把二者的摩擦降至最低，是为了保存自己的能量，以便走更长远的路，更为了把不利的环境转化成对你有利的力量。这是一种柔软，一种权衡，更是最高明的生存智慧。

应对他人的不公正待遇选择暂时的低头并非没出息，而是一种另辟蹊径的争气法。头昂得太高，容易撞伤；个性太强，总有一天要吃亏。所以当你看到了"矮檐"，请不要想"不得不"，而是告诉自己："要想顺利通过就要低头"！

周围人所带给你的压力算不得什么大事，最好的回应方式不是让你义愤填膺大打出手，而是暗中发奋图强，早晚有一天让讥讽嘲笑你的那些人刮目相看！把别人的侮辱化为激励自己英勇拼搏的外在推动力量，也未必不是件好事，而且实践证明有这样一个"坏家伙"在身边你成功的几率会高很多，当然，这也是需要忍耐力的。是做十年磨一剑的越王勾践还是做逞一时匹夫之勇不愿重整山河而殒命的项羽，哪一个轨迹才是你愿意选择的人生呢？

8. 让效率替你说话

面对同事、同行和自己竞争，面对机器的入侵在越来越大的范围内同自己"抢饭碗"的压力，你必须想尽办法来改善自己目前所处的困境。科技是在不断进步的，人们在享受这些进步所带来的快捷便利的工作、生活方式的同时还要以最快的速度去适应它，要以更高的效率去追赶它甚至超越它，只有这样你才有可能在搞定一切后用剩下的时间过你真正想要的舒适生活。

尽管赶上科技这句话听起来并不切实际，也不大有可能。但它不是说让你卯足了劲去开发更先进的计算机系统，也不是让你现在就开始努力去研究一百年以后才会出现的技术，而是说，要将现代运用科技"成灾"的工作搞的得心应手。想过得轻松一点的最好办法就是在大环境中基本条件不变的情况下努力提高自己的工作效率。效率一旦提高了，单位时间内你的工作量就会减少许多，相信这是每个人都能想的清楚的问题。算清这笔账后，你是不是觉得很划算，马上开始以提高工作效率作为自己的动力和口号了呢？

要知道，成功者们享受的富有往往都是比别人优秀的回报，这种优秀就是做比别人多的工作。如果想超越别人就要让自己快人一步，多做事，可是一个人每天不会有二十五个小时，所以说提高自己的工作效率才是换取成功的好方法，否则自己就只能等着被超过然后就有被淘汰的危险了。当然，提高工作效率也是有技巧可循的，关键一点就是让自己先做最重要、给自己压力最大的那件事。

美国的卡耐基在教授别人期间，有一位公司的经理去拜访他，看到卡耐基干净整洁的办公桌时这位经理感到很惊讶。他向卡耐基说："卡耐基先生，你没处理的信件放在哪儿呢？"

卡耐基说："我所有的信件都处理完了。"

"那你今天没干的事情又推给谁了呢？"经理紧追着问。

"我所有的事情都处理完了。"卡耐基微笑着回答。看到这位公司老板困惑的神态，卡耐基解释说："原因很简单，我知道我所需要处理的事情很多，但我的精力有限，一次只能处理一件事情，于是我就按照所要处理的事情的重要性列一个顺序表，然后就一件一件地处理。结果，完了。"说到这儿，卡耐基双手一摊，耸了耸肩膀。

"噢，我明白了，谢谢你，卡耐基先生。"几周以后，这位公司的经理请卡耐基参观其宽敞的办公室，他对卡耐基说："卡耐基先生，感谢你教给了我处理事务的方法。过去，在我这宽大的办公室里，我要处理的文件、信件等堆得和小山一样，一张桌子不够，就用三张桌子。工作效率低得出奇，我也被成堆的工作压得喘不过气来。自从用了你说的法子以后，情况好多了。瞧，再也没有没处理完的事情了。"

这位公司的经理，就这样找到了处理事情的办法。几年以后，他也成为美国社会成功人士中的佼佼者。

想用提高工作效率的方法来成为化解压力的动力时，你必须要注意到以下几个问题，否则工作和生活会被搞的一团糟。

①清楚地把工作分成几个部分，找到其中最重要的一项，按工作的轻重缓急去处理的话不但节省你许多时间，更会让你找到攻克难关的成就感，从而产生一种兴奋情绪去对待其他分量的工作；

②在完成了看起来"不能完成"的工作后奖励自己一下，享受提高效率所带来的变工作压力为动力的快感；

第七章　把外在压力化为激发自己的动力

· 173 ·

③不要被周围的环境所控制。对别人提出来的意见或想法可加以参考，但一定不要让他们干扰自己的计划。否则事情不但会被破坏掉还有可能让你受到前所未有的挫折感的压迫；

④适当的休息。体育运动能重新点燃你的精力和斗志。它们会激发你的灵感，可以使你从中获得新的力量，帮助你完成工作；

⑤把你的计划付诸实践。如果你想要去做态度就要坚决一点。不时想想自己的这份努力将会给工作带来多大转机，将会把自己的人生推向一个怎样的高度，这会提升你的勇气和信心。

提高效率不仅等于延长一个人的生命，还意味着你将会"腾"出来更多可以用来享受的时间或者是攀上事业的顶峰。所以说，面对沉重的工作压力，让效率来替你说话！这会成为促使你成功的不二法则。

第八章

遵循缓解压力的黄金法则

　　几乎所有感到生活幸福的人都懂得缓解压力的黄金法则,这不是一种逃避而是智慧、是嘉奖、是成熟的心灵散发出的睿智芳香。缓压片刻,你的生命能再次回升,踏在成功之路上的脚步将更加坚定。

1. 缓压自有风景在

　　人生就像一出戏，如果想要得到大家的认可，就要有个好剧本，有个好导演，有一群好演员。并且，每个身处其中的人必须兢兢业业，一丝不苟地完成表演任务，然后才能换来掌声。

　　在压力面前人人平等。从未出现过躲开了压力而获得胜利的先例。但是，有些人却过得精彩异常，看起来一副"压力能奈我何"的样子，这不是因为压力不敢"招惹"这些重量级人物，而是在生活中已取得成功的人们摸索出了一套与压力化敌为友的战术，谈笑之间，压力这个可怕的心理敌人就灰飞烟灭了。

　　在这个世界上，人们都把自己硬生生地塞进"心理牢笼"里，自寻烦恼，唠唠叨叨，总觉得不满足，时间一长，很容易被压力挤爆了管道，落下一生的遗憾和烦恼。虽然我们必须面对现实，面对本身的弱点和不平，虽然无法完全挣脱樊笼，选择百分百自由的天空，但是聪明地缓解压力，确实是让笼子更松快一点的有效方法。

　　缓解压力，你全身澎湃的血液会恢复平静，身体的航船就不再那么辛苦地抵御风浪；

　　缓解压力，不是彻底的松懈，而是一场大规模的整顿，让自己能量回升，热情高涨，信心十足地去迎接更高的挑战；

　　缓解压力，不是消极地放弃，而是韬光养晦之后准备石破天惊。

　　聪明地释放自己吧，在你凝神回眸的一刹那，将看到难以比拟的人间美景。

2. 解读排解压力的"正确管道"

易产生心理压力的无非是处在高薪阶层的"精英"一族,"高处不胜寒",越往高处走那种危机感、孤独感越重,越是要小心四周的暗藏的裂缝和悬崖峭壁。然而,走到最高处始终是人生的理想和追求,拿破仑说过"不想当将军的士兵不是好士兵",不想攀爬人生高峰的人同样是只能生活在社会最底层得不到人们尊重的人,所以还是要工作,还是要奋斗的。在与生活、命运抗争的过程中,你顶住了压力,面对压力快速而机敏地做出反应就比较容易获胜,相反,你会随着坍塌的山石一块滚下去。

孔子那段名言:"吾十有五而志于学;三十而立;四十而不惑;五十而知天命;六十而耳顺;七十而从心所欲,不逾矩。"正如他所说,千百年来,只要是有志于国有志于家的人们,大半辈子活得也不轻松,不管他们名望多大,权势多高,也得奋斗,也得为牛为马。其实,不仅是社会精英与知识分子,我们中国人大都活得比较累。此处所谓"比较累",不是群体之间的比较,而是仅就"累"的程序而言。

你从小便有了职业:学生。作为学生,你要为你的目标而努力奋斗,考上重点高中,一流大学,出国深造。等你步入职场,你要尽快取得成绩,当上主管,盯住经理的位子。这不是你欲求过高,而是人性的习惯使然。当然,面对无休无止的竞争,面对着别人有所成就的微笑,你就愈加"不甘心"地把自己往"累"里推,希望借此付出让自己更上一层楼。那么,对付职场中产生的压力,你是会束手无策让其对你进攻再进攻,摧毁再摧毁呢,还是学会聪明地释放过剩的压力第二天依旧精神饱满的发起冲锋呢?我想,答案是不言而喻的。这里,介绍几种有效的缓压方法,希望能对你所帮助。

①面对现实。现实生活是极其复杂的，每个人都有自己的理想和抱负，对自己有所要求。但是这种要求应该建立在实际的、力所能及的基础上。人们所以感到工作、生活受到挫折，往往是因为自我目标难以实现，就感到自卑失望，过高的期望只会使人误以为自己总是运气不好而终日忧郁。有些人是"完美主义者"，对任何事都希望十全十美。而世界上的一切事情都不可能尽善尽美。所以，应该调整自己的生活目标，客观地评价事情、评价自己，得意淡然，失意泰然，在积极向上努力进取的同时，拥有一颗坦然面对成功与失败的平常心，才能使自己心情舒畅。

②每个人又都有各自的性情、品格和所长所短，别人不会都迎合你的意思，就像你自己也未必符合别人的要求一样。对别人的要求越高，自己的不满情绪会越大。如果对别人的要求较低的话，那么稍微符合你的愿望，你就容易得到满足。所以，既不要苛求自己，也不要苛求别人。

③宣泄法：

宣泄法是一种将内心的压力排泄出去，以促使身心免受打击和破坏的方法。通过宣泄内心的郁闷、愤怒和悲痛，可以减轻或消除心理压力，避免引起精神崩溃，恢复心理平衡。"喜怒不形于色"不仅会加重不良情绪的困扰，还会导致某些身心疾病。因此，对不良情绪的疏导与宣泄是自我调节的一种好办法。一位运动员受到教练训斥后很沮丧，不久引发了胃病，药物治疗也不见效。心理学家建议他在训练中把球当教练员的脸狠狠地打，采用此法后他的胃病果然好多了。这种不损害他人，又有利于排解不良情绪的自我宣泄法，可以借鉴。

不过这种宣泄应该是合理的。简单的打打砸砸、吼吼叫叫，迁怒于人，找替罪羊（丈夫、妻子、孩子、同事），或发牢骚、说怪话等都是不可取的。宣泄应是文明、高雅、富有人情味的交流。如果把自己的烦恼、痛苦埋藏在心里，只会加剧自己的苦恼，而如果把心中的忧愁、烦恼、痛苦、悲哀等等，向你的亲朋好友倾诉出来，即使他无法替你解决，但是得到朋友的同情或安慰，你的烦恼或痛苦似乎就只有半个了，这时你的心情就会感到舒畅。该哭的时候就痛痛快快地哭一场，释放积聚的能量，调整机体的平衡，大雨过后有晴空，心中的不良情绪会一扫而光。

④注意转移：

其原理是在大脑皮层产生一个新的兴奋中心，通过相互诱导、抵消或冲淡原来的优势兴奋中心（即原来的不良情绪中心）。当与人发生争吵时，马上离开这个环境，去打球或看电视；当悲伤、忧愁情绪发生时，先避开某种对象，不去想或遗忘掉，可以消忧解愁；在余怒未消时，可以通过运动、娱乐、散步等活动，使紧张情绪松弛下来；有意识地转移话题或做点别的事情来分散注意力，可使情绪得到缓解。例如，司马迁惨受宫刑而著"史家之绝唱，无韵之离骚"的《史记》；歌德因遭遇失恋才写出世界名著《少年维特之烦恼》。我们应该多接触令人愉快、使人欢笑的事物。避免和忘却一些不愉快的事。与其"不懈奋斗、孜孜以求"，最后"衣带渐宽"，面容憔悴，不如潇洒一些，干点快乐的事。

⑤人们面对困境、情绪懊丧时，不妨从相反方向思考问题，这能使人的心理和情绪发生良性变化，得出完全相反的结论，使人战胜沮丧，从不良情绪中解脱出来。从前，有个老太太整天愁眉苦脸：天不下雨，她就挂念卖雨伞的大儿子没生意做；天下雨了，她又忧心开染房的二儿子不能晒布。后来，有个邻居对她说："你怎么就不反过来想想呢？如果下雨了，大儿子的生意一定好；如果不下雨，二儿子就可晒布。"老太太一听恍然大悟，从此不再愁眉不展。这个故事就是反向心理的极好诠释。

对于这个问题，英国文学家萧伯纳讲得更为明确。曾有一名记者问萧伯纳："请问乐观主义者与悲观主义者的区别在何处？"萧伯纳回答：

"这很简单,假定桌上有一瓶只剩下一半的酒,看见这瓶酒的人如果说:'太好了,还有一半。'这就是乐观主义者;如果有人对着这瓶酒叹息:'糟糕!只剩下一半。'那就是悲观主义者。"当我们遇到困难、挫折、逆境、厄运的时候,运用一下反向心理调节,从不幸中挖掘出有幸,使情绪由"山穷水尽"转向"柳暗花明"摆脱烦恼。

压力无所不在,我们必须认真对待心理压力问题,并及时地、适当地通过情绪调节来缓解心理压力,为它找个出口,它就不会给精神带来太重太大的伤害。希望上述方法能帮助你用稳定的情绪,保持健康的心态去直面纷繁复杂、瞬息万变、竞争激烈的社会。

3. 成功男人,笑傲江湖

在我们身边,有太多风光无限的成功男人。但是,事业有成,年轻有为的白领一族比经过风吹雨打一路坎坷走来的蓝领工人更容易陷入"心累"的痛苦中难以自拔,严重的是因承受不住巨压,自杀率居高不下。那么,究竟是什么东西钻进这些成功男人的大脑,一点一点吞掉他们的生命和希望呢?这个隐形杀手藏身何处?

心理学家认为,成功男人每天活的疲惫不堪是自找的,和别人无关。也就是说,如果你也是痛苦的白领一族,首先要反省自己,这才是解决疲劳的关键所在。俗话说,无欲则刚,人越是成功,他所追求的东西就越高档、越复杂,结果让自己每天面对无穷无尽的欲求拼命地辗转于各个圈子当中,精神和身体当然会受到极大的损害。

成功的男人都有着贪婪的情结,他们每天都在强求自己去实现某种美好的憧憬,爱与人攀比,每天都在膨胀着自己的欲望:对地位的企望、对金钱的渴望、对虚伪自尊的坚持、对享乐的无尽欲望……这些欲望的不满足足以造成男人自身彻底的不愉快,总感觉到生活得很累很累。长时间下去，自然就会有压力、有不满足感。这些都是心理极度空虚的表现，它会对人的情绪和身体产生恶劣的影响。然后则是因为身心不舒畅，以无节制的纵欲来麻痹自己，让心灵愈加空虚，由此陷入恶性循环的怪圈。如果你想成为一个积极上进的人，同时还想避开无止境的烦恼的话，你就应该首先消除掉自身的戾气，让欲望的痛苦离自己远远的。

①要面对现实，接受现实。趁你身强体壮、情绪稳定的时候去回应现实的挑战，向生活中的不满投之以蔑视的眼神。没什么大不了的事，有成千上万的人也许正在经受着比你更深重的痛苦，不要把自己想象成最悲惨的那一个。诚如歌德所说："一切都是暂时的，转瞬即逝；而那逝去的又会变成可爱。"

②不要过分计较个人的得失，要顾及到自己的行为会导致他人怎样的反应，大度无私的人永远是最受欢迎的人。过分计较个人得失的人永远是不满和愤怒的，永远感受不到快乐。

③远离忧虑。有成千上万的人因为忧虑过度而无法享受生活的快乐。恐惧往往是忧虑的根源。恐惧使你难于决断，产生不合理的思想，不断地思虑自己的问题，令你失去平衡与正确的观念，于是你愁眉不展，忧虑烦闷，遇到小事情也不敢应酬。记住，不要只陷于一件事情中难以自拔，其实你有很多事情要做，并能从中得到许多许多。要懂得有时候舍弃即是获得的道理。

④要知道地球不会为你一个人而改变容颜，人生的大智慧是学会适应社会，让自己真正成为社会的一部分。在这个世界上你只是你自己的主宰，但没有指挥别人的权力。为此，你的气愤伤到了自己却毫无效果。你真正应该做的是，尽自己的力量使这个世界变的更加美好，所有人都会感激你的。

⑤不可否认的是，要实事求是地看待自己。一个成功的男人一定有着他的过人之处，但人不是神，每个人都有缺点，所以"成功"男人

对自己要有一个全方位的认知，根据自己的具体条件，去设计自己的人生目标。不要过分在意别人的掌声与称赞。

⑥多与人交往沟通，减少孤独感。成功的男人总有高高在上的优越感，同时又承受着高处不胜寒的痛苦。多与他人交往，交心谈心，既能密切关系，体会沟通的乐趣，又是一个相互学习的过程。孔子说过，三人行必有我师。把心底的抑郁都说出来，心情会顿感舒畅。

⑦给自己保留一点时间和空间。成功就意味着要比别人多付出这话不假，但并不是说工作是没有内外界限的，工作永远没有干完的时候，但人的生命却是有限的，给自己一点时间，适当参加娱乐活动，也是消除心理压力的好办法。

⑧欣赏自己。每一个成功男人都容易犯的一个错误就是，总是追求完美，总是挑自己的毛病与不足，这样做虽然有利于进步，但是会让自己活得太累。学会接纳自己、欣赏自己、看到自己的长处与优点，自然就会有信心。一个对自己有信心的人，是不会经常处于紧张状态的。

其实，成功是件很容易的事情，但你的健康是自己的，你的精神状况决定着你是否幸福，是否能感受着幸福，决定着你的生存质量和自我价值的评估。因此，关注心理健康是你首先要做的事！没有健康的坚实基座，财富、地位、名利……压的越高，倒塌的越快！

4. 做个魅力四溢的"半边天"

在现代社会中每个女人都要学会分身有术。虽然在事业中得到了认可，在人群中得到了尊崇，但同时她们感受到随之而来的压力也会越来越大。身为员工、老板、母亲、妻子，她们的困扰只增不减，因此，女性的人生多了风雨，少了彩虹。女性学会自我减压，已经成为刻不容缓的重要问题。

据调查，要保持女性心理健康的有效方式就是使她们在家庭和事业间取得协调和平衡，而不能让这座天秤倾向其中任何一端。

在现代社会，80%左右的女性在事业与家庭之间目前还保持着较好的平衡，但是还有10%以上的女性依然没有找到合理地解决家庭与事业的平衡问题的方法。半数以上的女性采用了一种相对的平衡方式：事业与家庭并重。但是，在所有女性中还是有34.5%的人选择了以家庭为重，真正选择以事业为重的仅占到总体的11.2%。由此可见，大多数女性还是以家庭为自己的工作领域的。

除此之外，还有几大"话题"是女性心中永远解不开的情结：

①婚姻：

把爱情落实到生活里，睁开一只眼看清楚对方的优点，闭上一只眼无视对方的缺点。每个婚姻家庭的模式都可以是不一样的，关键是在于自己的选择是否符合家人的生活方式和自我预期。

幸福的婚姻生活，可使人精神焕发、心情开朗、事业成功。结婚就是踏上一个全新的人生征途，一切要面对现实，创造将来。是祸是福，都要自己去承担。

良好的婚姻是要有正确的认识，慎重的考虑，良好的沟通与长期的协调。美满婚姻的关键在于婚前的冷静思考及婚后的踏实履践。然而，大多数女性对待自己的婚姻显得并不聪明，所以成了她们心中痛苦的根源所在。

②自信与自卑：

自卑：表现为对自己的能力、品质等自身素质评价过低；心理承受力脆弱；谨小慎微、多愁善感；常产生疑忌心理，行为畏缩、瞻前顾后等。自卑心理主要来源于心理上的自我消极暗示。这些主要体现在工作方面。自信的建立远远难于自卑的形成，它需要一个相对较长的时期来完成。

③工作压力：

工作压力的来源主要有两个：环境因素和个人因素。首先，许多外部环境因素会直接导致工作压力，如工作进度、工作速度、工作保障等等。适度的压力能使人挑战自我，挖掘潜力，富有效率，激起创造性，而不良的压力，不管其来源是什么，后果都是严重的。

④夫妻关系：

夫妻关系在家庭关系中是第一位的，是非常密切的关系，是与性有关的涵盖生活许多方面的关系，夫妻之间应该彼此扮演知己的角色。夫妻相处之道是重视及感谢对方所做的一切，不要凡事视为当然。

⑤孩子教育：

中国式女性最为关注的问题之一，包括孩子的成长健康、知识教育、个性发展、事业前途等。社会竞争激烈，孩子升学压力造成女性长期为下一代教育付出最多的精力和心血。事实上，良好的家庭氛围是孩子健康成长的关键。

⑥健康：

联合国世界卫生组织在1948年成立后不久即做出了一种科学的定义，所谓的健康不仅仅是不虚弱与没病，健康是三个方面的完好的，包括：身体、精神或者心理，以及社会适应方面完好的状态。有五个标准衡量女性心理健康，分别是积极的生活和工作态度；能够现实的评价自我并不断完善自我；良好的自我调控能力；意志健全和良好的人际关系。

⑦美容：

女性按照社会认同标准，对于自身容貌、体态、穿着修饰有着主动和被动的要求。女性关注的美容问题集中于：自身外貌的社会认同和提升魅力指数的方法。

现代女性对美容的要求越来越高，这个话题的票数也一直居高不下，随着整容风潮、换脸事件的逐渐升温，美容已经超越了单纯的审美观念，成为一种社会现象和社会问题。

⑧心灵焦虑：

心理亚健康征兆。心理焦虑的表现为：总是担心、恐慌。女人对事物的直觉、预见能力与心理焦虑如影随形，时常觉得生活周围危机四伏，且认为自己没有能力解决这些难题。焦虑甚至可以派生出罪恶感和无用感，对自己、对他人产生不信任。在公认的压力群体——白领女性身上发生得更为普遍，例如渴望优秀而造成巨大压力、因骄傲怯于暴露正常需求而导致的心灵寂寞等。

⑨沟通障碍：

善于倾听，乐于倾诉是女性的专长，可是沟通障碍依然成为关注焦点，女性的沟通难以获得认同，究竟是沟通态度上难以把握？还是沟通内容缺乏中心？

最常见的几种沟通障碍有：时间限制，对主题的不了解，缺乏兴趣或过度关注过去的经验、距离或职位的阻隔，和选择性的偏见或假设等。以往的经验、本身的想法和感觉介入人际沟通，因而难免会在某些议题上形成偏见，往往会固执己见，导致沟通障碍。对女性来说，良好的沟通取决于女性自身的人际素养和社会对女性的理解和看法两方面的一致。

2005年北京的一项调查显示，全中国有20%左右的女性认为自己存在人际交往中的沟通障碍。

其实，女人感受幸福应该是件简单的事。

人们通常会说：幸福是一种抽象的感受，但它又实实在在的存在于人们之中。而美国一家把幸福作为研究目的的科研机构得出结论，幸福与年龄、性别和家庭背景无关，而是来自于一份轻松的心情和健康的生活态度。如何才能打开压力的减压阀让自己的幸福潮水涌向你的怀抱呢？

①改变你的生活

幸福的人并不比其他人拥有更多的幸福，而是因为他们对待生活和困难的态度不同，他们从不问"为什么"，而是问"为的是什么"，他

们不会在"生活为什么对我如此不公平"的问题上做过长时间的纠缠，而是努力去想解决问题的方法。

②别让安逸谋杀掉你的幸福

幸福的人总是离开让自己感到安逸的生活环境，幸福有时是离开了安逸生活才会积累出的感觉，从来不求改变的人自然缺乏丰富的生活经验，也就难以感受到幸福。

③珍惜友情

广交朋友并不一定能带来幸福感，而一段深厚的友谊才能让你感到幸福，友谊所衍生的归属感和团结精神让人感到被信任和充实，幸福的人几乎都拥有团结人的技能。

④投入地工作

专注于某一项活动能够刺激人体内特有的一种荷尔蒙的分泌，它能让人处于一种愉悦的状态。研究者发现，工作能发掘人的潜能，让人感到被需要和有责任，这样才能给予人充实感。

⑤树立对生活的理想

幸福的人总是不断地为自己树立一些目标，通常我们会重视短期目标而轻视长期目标，而长期目标的实现能给我们带来幸福感受，你可以把你的目标写下来，让自己清楚地知道为什么而活。

⑥找到动力之源

通常人们只有通过快乐和有趣的事情才能够拥有轻松的心情，但是幸福的人能从恐惧和愤怒中获得动力，他们不会因困难而感到沮丧。

⑦有节奏的生活让你很轻松

幸福的人从不把生活弄得一团糟，至少在思想上是条理清晰的，这有助于保持轻松的生活态度，他们会将一切收拾得有条不紊，有序的生活让人感到自信，也更容易感到满足和快乐。

⑧有效利用时间

幸福的人很少体会到茫然地被时间牵着鼻子走的感觉，另外，专注还能使身体提高预防疾病的能力。因为，每30分钟大脑会有意识地花90秒收集信息，感受外部环境，检查呼吸系统的状况以及身体各器官的活动。

⑨对生活心怀感激

抱怨的人把精力全集中在对生活的不满之处，而幸福的人把注意力集中在能令他们开心的事情上。所以，他们更多地感受到生命中美好的一面，因为对生活的这份感激，所以他们才感到幸福。

这是一个渴望自由的时代。女性承受着压力，同样也背负着理想。缓解压力，让女人脸上显现出久违的阳光、幸福，找到醉人的光彩而不是劳碌摧残后剩下的疲惫。用缓解压力来宠爱自己吧！

5. 运动是缓压的灵丹妙药

锻炼身体绝对是物超所值的有益身心的活动。它不仅能让你身体强壮，拥有施瓦辛格健硕的肌肉或是沙拉波娃丰满匀称的身材，更是缓解心理压力，辅助治疗心理疾病的妙方。锻炼身体不仅比向上帝祈祷更有效，还能让你拥有清醒灵活的头脑。这样的话在工作中你就能以充沛的精力和敏锐的洞察力脱颖而出了！更重要的是完成锻炼计划后的轻松感会让你在一整天都沉浸在愉悦的状态中。

在繁忙的工作生活中能"偷"出一部分时间来享受健身乐趣的人越来越多了。这不是由于时间多得没地方用，而是大家都已经不约而同的认识到健身对身体机能和工作精力的明显作用。科学地安排生活，将体力劳动与脑力劳动有机结合。才能使生活张弛有度，使压力所带来的种种不足一扫而光。然后，你就会惊喜的发现不是生活左右你而你终于能过自己想要的日子了！

做生活的主人这种如鱼得水的感觉真棒！

保持健康绝对是控制心理压力方面的重要组成部分，你若从事的是伏案工作或是需要耗费大量精神的工作就应该深明此道。这是因为你若拥有好的形体和强健的体力，就不仅仅会感到更加自信，更加愉快，更有激情，而且可能会更加精力充沛，斗志昂扬。

先说说经常性的体育锻炼的好处，它可改善心脏功能，增大肺活量，保持良好的血液循环，降低血压，减少血液中的脂肪或胆固醇，并改善机体的免疫系统。它还可保证你不患心脏病，使你长寿。它还是一剂缓解肌肉紧张，减轻诸如疲劳等压力症状的弛缓药。锻炼过程中，身体释放出诸如内啡呔等荷尔蒙，它起到天然的抗抑郁药的作用，使你感觉良好。体育锻炼可改善你的自身形象及容貌，使你建立自信心，增强活力。它还可使你分散精力，而不至于无法从日常生活的琐事中解脱出来。

许许多多的成功人士，在事业中成就不凡的人，大多知道运动的好处，同时也是运动的健将。

已故船王包玉刚表示，他每日清早都做45分钟的运动，最喜欢的运动是跳绳和游泳。跳绳是常规的运动，经常跳，游泳也一样，他甚至喜欢冬泳。

李嘉诚也喜欢运动，他经常游泳，每天清早打高尔夫球。恒基地产的巨头李兆基和李嘉诚一样，也喜欢游泳及打高尔夫球，在每年冬天，他会到瑞士去滑雪。

霍英东喜欢的运动是网球、足球和游泳。新世界集团的巨子郑裕彤，则喜欢高尔夫球及游泳。

其实，人的健康状况不仅取决于全身各器官、系统的功能和相互协调能力，而且还取决于整个身体对自然和社会环境的适应能力。经人们长期摸索，终于得出这样一个结论：生命在于运动。

世界知名的大科学家和文学家，也大多毕生重视身体锻炼。居里夫人年过六旬还到大海中游泳；托尔斯泰设有专门的健身室，每天坚持锻炼身体。运动大大促进他们智力的开发。居里夫人说得好："我们力求脑力与体力的平衡。"所有从事脑力工作的知识分子都应该从中得到启发。

做运动虽好，但也是要因人而异有所选择的，但是无论如何都不要放弃锻炼这个人生最重要的朋友。如果没有充足的时间，日常生活中你总能多多少少挤出些时间来和这位朋友商量一下如何"疼爱"你的身体吧。

①脑力劳动者锻炼方式：每天早晨运动 15～20 分钟，内容为步行、慢跑及拳操等；每天认真做好两次操（班前操及工间操）；下班后视情况要做些球类活动；晚饭后散步 15～20 分钟；晚上有条件可做些肌肉力量型练习。

②节假日做些郊游、爬山、游泳、球类等活动。

③上下班时步行 1～2 公里路。家住楼上的可将爬楼梯作为锻炼项目坚决不坐电梯等。

④不管多忙，每周都要抽出 2～3 次，每次 20～30 分钟的锻炼时间来。

⑤为了提高脑力劳动的工作效率，改善脑血流量，每次工作 1～2 小时后应略休息数分钟，站起来活动活动，伸展一下肢体，做几次深呼吸等。

⑥做运动不能欠缺恒心，如果你是白领，可以不必强求自己每天都跑 1 万米，但每天 30 分钟的慢跑还是要坚持下来的，否则锻炼不会产生任何效果。

一个人的身体状况和精神状态是最能影响他的姿态和气质的。在街头巷尾，我们偶然看到一个昂首挺胸、气宇轩昂、步伐稳健的军人，谁都会羡慕他那种健康的姿态。但实际上，只要是躯体没有残疾的正常人，都可以通过有规律的生活、适度的运动，来获得这种不凡的姿态。来获取对自己有信心，对工作及困难有信心的勇敢姿态。所以，不要想保留你的体力，你想留住的东西越多到最后守住的也就越少，让体育运动来燃烧能量，成为你生命激情的发动机吧！

6. 良好的人际关系是生活为你熬制的"轻松汤"

有时候坚实的人际关系能助你走上成功的顺风路。然而，对每个人来说，人际关系也未尝不是一种无形的压力。如果你经营不善，它会给你事业带来莫大的损失，反之，则会让你出乎意料的一帆风顺。善与人为伍，就是最简便有效的成功法则，更是从容生活的得力助手。

在现代社会，人际关系这个巨大的网已经将每个人都化为自己身上的网点，你的人际关系处理得好，这张网就比较硬实，张力就比较大，比如你想买辆新车，托熟悉行情的朋友绝对比你每天翻阅大量资料、广告和跑经销商讨价还价要省时省力。可是一旦得罪了某些人，那事情就容易紧张了，网就容易被风吹破了。因此要想缓解来自各方面甚至是铺天盖地袭来的压力，借助身边的关系网来一一化解，实在是无招胜有招的高明之道。

所有成功的人士尽管所走过的道路各不相同，但不可否认的是，他们身上都有一个共同的特性——他们都懂得如何有效地同别人打交道。我们中有些人在这方面有天生的直觉，他们学到了这方面的技能。人们应当懂得如何去影响并合理地应用别人的思维方式，在任何事情的失败案例中，常常都可以归结为是与他人打交道的失败。

在现实生活中，我们常常可以看到这样的事例，一些智商很高，专业水平也不低的人士，晋升或是晋级的机会总是与他们擦身而过，活得很苦涩、很落寞，甚至很无奈。这最关键的原因是他们没有建立良好的人际关系。

不能成功地建立良好的人际关系，其根本的原因就是在于太看重自我，囿于狭窄的自我，看不到他人或群体的重要作用。一个囿于自我的人，实际上是剥离了自我的社会意义，是对自我的歪曲和背叛。

著名成功学专家卡耐基认为，一个人在工作中获得成功所要求的技能，85%是基于人际关系，即与人相处和合作的品德与能力，只有15%是因为技术和训练。

比尔·盖茨是哈佛大学二年级就辍学的一位学生，他要去开创他的个人事业。他是有眼光的，他的第一笔订单，就是和IBM公司签订的，IBM公司当时已经是世界上规模非常大的公司了。为什么比尔·盖茨就比我们要幸运，有这样的机会呢？原来比尔·盖茨的母亲，就是IBM公司的最大的个人股东，并且，她和IBM公司的总裁有着非常良好的个人关系，她当时为她的儿子比尔·盖茨申请了十五分钟和IBM公司总裁见面的机会，我想这一项合作的成功不是简简单单的用十五分钟就能够谈成的，但是，我们大家想一想假若没有这个十五分钟的机会，能不能够促成这笔生意呢？显然，他母亲的人际关系起到了非常关键的作用。

不管一个人要戴着何种面具，出现在充满竞争的大舞台上，通过有效的人际关系，绝对是助其以更少的资本取得更大成功的一条捷径。如果你也想维护好人际关系的话，你需要做到的是：

①争论是很伤情面的一件事

人们都喜欢争论，这是很正常的事。但是，我们会发现，有些无端争论往往都是以面红耳赤和不愉快结束的。事实上，在一场无端的争论结束后，无论谁输了，都会很不舒服，更何况无端争论往往会演化成直接的人身攻击，对于人际关系是非常有害的。因此，我们要解决观点上的不一致，最好的途径是讨论、协商，而不是无端争论。

②直接否定、抱怨、批评别人做法都是错误的

本杰明·富兰克林年轻的时候处事并不圆滑，但是后来却变得富有外交手腕，善于与人应对，因而，成了美国驻法大使。他的成功秘诀就

是："我不说别人的坏话，只说别人的好处。"要学会用提醒别人的方式，使别人感到我们并不认为他（她）不聪明或无知。记住，只要您不伤及别人的自尊，不否定他们的自我价值，什么事情都好办。

③敢于承认自己的失误

虽然承认自己的错误是一种自我否定，也会因此难以开口，但承认错误会带给您巨大的轻松感。明知错了而不承认，会使您背上沉重的思想包袱，使自己在别人的面前始终不能自如地昂起头。另一方面，承认自己的错误，等于承认别人是正确的，会使对方显示出超乎寻常的忍耐性，从而维持人际关系的稳定。

④慎用批评

不到不得已时，决不要自作聪明地批评别人。但是，有时善意的批评是对别人行为的很有必要的一种反馈方式。因此，学会批评还是很有必要的。

维护良好的人际关系是十分重要的，你的关系圈可以帮你拔掉生活中、工作中一个又一个可怕的"钉子"，会帮你处理掉许多繁琐又让人头疼的事，更重要的是，因为有了他们，你的工作和生活轻松多了！因此，我们应该学会维护人际关系的法则，它的力量是绝不容忽视的！

7. 舍得也是一种幸福

在人生的道路上，往往会有这样一种"规矩"：你得到的似乎和失去的东西成正比。有时虽然你想打破这个塞翁失马不知道是祸是福的规律，可是似乎冥冥之中自有天定，有得就一定有失。在中国古代哲学家眼中，"福兮，祸之所倚；祸兮，福之所伏"。也就是说，得就是失，失也就是得。所以人生的最高境界，就是无得无失，无福无祸。这样，你就不会为了任何事情感到有压力而徒增苦恼了。

人生的痛苦莫过于欲求过大，患得患失。要想摆脱欲望的压力的纠缠，聪明的做法就是要学会放弃，大度的舍得，既不能为了一点利益非要争个鱼死网破，你死我活，也不可苦苦守着手里的东西让它变成无用的废品。要懂得这样一个道理，放弃是种人生的境界，大弃大得，小弃小得，不弃就无所得。丢下你手中的一颗种子，你将收获整个森林。为什么舍得就这么让你痛苦不堪呢，有时候你拥有的东西才是给你施加压力的祸首元凶！

所以，还不如学会放下，让自己轻松地面对生活呢！

有一个聪明的年轻人，很想在一切方面都比他身边的人强，他尤其想成为一名大学问家。可是，许多年过去了，他的学问并没有什么长进，他心里苦恼得很，于是就去向一位大师求教。

大师对他说："我们爬山去吧，到了山顶你就知道应该如何去做了。"年轻人很高兴的答应了。他们来到山上，只见那山间有许多晶莹的小石头，漂亮极了，真是迷坏了青年。每次遇到他喜欢的石头，大师就让他装进袋子里背着，很快，他就吃不消了。"大师，再背，别说到山顶了，恐怕现在我连动也动不了了呀。"他满脸疑惑地望着大师。"是呀，那该怎么办呢？"大师微微一笑："该放下了，不放下背着的石头怎么能登山呢。"大师笑了。

年轻人一愣，忽然觉得心中一亮，向大师道了谢走了。之后，他一门心思做学问，终于成了一名大学问家。其实，人要有所得必要有所失，只有学会放弃，才有可能登上人生的极至高峰。

人生在世，有许多东西是需要不断放弃的。这就需要你练就一双火眼金睛，懂得果断地舍车保帅。正确的思考往往就蕴含于取舍之间，许多人往往为了一点点蝇头小利而将自己送入压力重重的万劫不复之地。

第二次世界大战刚刚结束时，以英美为首的战胜国首脑们商量着要在美国纽约成立一个协调处理世界事务的联合国。一切准备就绪后，大家才惊奇地发现，这个全球至高无上，最具权威的世界性组织，竟然没有自己的立足之地！

买一块地皮吗？刚刚成立起来的联合国机构身无分文。向各国集款募捐？又似乎太没面子了，负面影响太大。况且战争刚刚结束，各国国库也是空空如也，看来筹款也没戏了。联合国甫一成立就被这个难题搞的一筹莫展了。

得知这一消息后，美国著名的家族财团洛克菲勒家族经过商量，果断地出资870万美元，在纽约买下一块地皮，将这块地皮无偿的赠予了联合国组织。同时，毗邻的地皮也买下了。

对洛克菲勒家族这一出乎人们意料的举动，当时美国许多大财团都不只是吃惊而已。870万美元啊，这在当时可不是一笔小数目，可是洛克菲勒家族却毫无条件的将它拱手让给了联合国！简直是白痴行为！在众财团的讥笑讽刺中，洛克菲勒家族默默忍受了来自各界的压力，始终不为所动，也决不后悔。

出人意料的事情突然发生了，联合国大楼刚一竣工，毗邻地价便立刻飙升了起来，相当于捐款前的十倍！看着巨额财富源源不断地流入洛克菲勒家族的腰包里，当年嘲笑过他们的人都目瞪口呆。

这是一个典型的"舍得"的例子。如果洛克菲勒家族没有做出"舍"的举动，勇于牺牲和放弃眼前的利益，就不可能有"得"的结果。放弃和得到永远是辩证统一的。然而，现实中太多太多的人执著于"得"，常常忘记了"舍"。要知道，什么都想得到的人，最终可能会为物所累，导致一无所获了。

当我们面临选择时，一定要学会舍得，学会放弃。鱼和熊掌不可兼得，你不小心"兼得"了，最后肯定会一起失去，输个精光透亮。因此，面对生活中得到或是想得到的压力，最好不要让自己过分缠绵于其中。生活有时会强迫你交出权力、金钱，破坏你的地位和爱情，但是不必担心，它会用别的东西来弥补你的损失。这样一来，你还怕些什么呢？

你之所以步履维艰，是因为你背负的压力太沉重了。你之所以被压力压得直不起腰来，是因为你舍不得放弃，舍不得功名利碌、荣华富贵，所以你走的实在太累了。

要想学会"舍得"，只要有个良好的心态，便会将它自然地化为自己的一种涵养。

①认真思索一下自己的生活，搞清楚什么是自己真正需要的东西。记住，所有的奢侈品都是一种负担，想要过闲云野鹤般的自在日子，就必须大大减少身外之物，否则必将为其所累。

②你要知道，人的欲望是无穷无尽的，所以你永远都不可能让自己真正的满意起来。无论再怎么追求都是一个结果——不满足，那么保持现状不是已经很好了吗，就没有必要再给自己增添压力了。

③做事情时要有眼光，知道什么东西可以舍得，什么东西可以因为"舍"而"得"。这并不是说你要练就未卜先知的本领，而是从生活中积累经验，让自己能够花比较少的心血获得较高的收益。

④要学会拿的起，放的下。你得明白，这个世界上没有什么东西能完全拥有而不消失。所以你就不必为了身外之物而过分地操心了。东西既来之，则安之吧，如果它本来就不属于你，那么再强求最终还是会失去。这样的话与其让自己日思夜想地痛苦着倒不如潇洒地跟它告别，这也算不得什么失去，至少你还会觉得自己很有雅量的。

古人有句老话"壁立千仞，无欲则刚"在这个社会虽不能做到无欲，但是适当的时候放弃一些东西，舍得一些麻烦，无疑是聪明人的做法。惟有舍得，你的心境才会更加从容坦然；惟有舍得，你的生活才会轻松自在。

8. 知足的日子快乐相陪

生活中的烦恼和压力，大多是因为我们想得到许多还不属于我们的东西。在某些人看来，得到即是幸福。但是，与其让自己生活在苦苦追求的痛苦中，倒不如认真享受和欣赏现在拥有的东西。只有懂得知足的眼睛才能看到轻松和快乐。六祖禅师慧能说，"世上本无物，何必惹尘埃"。虽然并不能完全照本宣科，否定一切美好的存在，但所说的道理却能给红尘中被欲望折磨的男男女女一点启示，"知足"才是幸福之源。

我们四周总是会出现这样的人，他们有生而富贵的，什么都感到满足，就是身体衰弱，常常闹病，放着山珍海味不能吃，只是终日与药罐为伍。有既富且贵的，身体倒还健康，妻贤貌美，可是一个儿女都没有，甚至寿命短促，老早就死了，纵有万贯家财，只落得人死财散。可是他的隔壁邻居，却是一个穷小子，只有一间小破屋，他人虽穷，身体倒挺结实，娶了一个黄面老婆，却生下了一大群儿女，他虽终年终日的卖苦力，但总感到衣食的困难，忧愁不乐这是什么原因呢？

佛教《遗教经》上曾说过："汝等比丘，若欲摆脱诸苦恼，当知足，知足之法，即是富乐安稳之处。知足之人，虽卧地上，就为安乐。不知足者，虽处天堂，亦不称乐户不知足者虽富而贫。知足之人虽贫而富。不知足者，常五欲所牵，为知足者之所怜悯。"老子《道德经》上也说："知足不辱，知止不耻。"古人又说："晚食以当肉，安步以当车。"这都是给我们的最好的教训。

这世间的万物，你拥有的愈多就愈不满足，就愈觉得人生还是多少有一点遗憾，所以日也不宁，夜也不宁地想尽办法弥补自己的那点不足，而一无所有的人之所以高兴，是因为他本来什么都没有，突然在地沟边捡到一角钱，他也高兴得紧，以为好运找上他来了。一角钱让他满足了，感到了生活还有希望之光还有幸运之神的光顾，这就是知足者的快乐所在。

一个农夫想得到一块土地，地主对他说："清早日出时，你从这里往前跑，跑一段就插一根旗杆作为标记。只要你在太阳落山前赶回来，插上旗杆的地都归你。"那人听了之后，就不要命地跑啊跑，太阳偏西了还不知足。太阳落山时他终于回来了，但此时他已经精疲力竭，摔了跟头倒地就死了，于是有人挖了个坑，将他埋了起来。牧师在给这个农夫做祈祷时，看着面前这座小小的坟头叹道："一个人要多少土地才够呢！就这么大。"

在人的一生中，贪欲控制着大多数时光。人生在世，不能没有欲望。除了想尽一切办法地生存，现代社会物欲更具诱惑力，如果管不住自己，任贪念随心所欲，就必然会给人带来痛苦和不幸。

逝者如斯夫，我们只拥有有限的一段生命，太多的欲望，无疑只是一个个虚幻的海市蜃楼，只会给生命增添负担与沉重。无论你曾经多么辉煌，到最后也只能得到一个土馒头。

"身外物，不奢恋"是思悟后的清醒。它不但是超越世俗的大智大勇，也是放眼未来的豁达襟怀。谁能做到这一点，谁就会活得轻松，过得自在，遇事想得开，放得下。

既然知足给我们减轻不少的压力，然而未必人人都可学得"上乘心法"，懂得知足常乐。把这门功夫学到手，还要把调整自己的心态作为入门功课。

①知足常乐就要懂得苦中作乐

人生有所求就有所压，就必然会有痛苦。

人在努力的时候是最幸福的时光。因为工作虽苦但你能从中找到希望的栖息地，那就是快乐的源泉。

如果你不得不忍受你生活的不幸和工作中的不满，就试着接受它，从中挖掘出让你感到幸福的东西，那或者是完成一小阶段工作后的一种成就感，或者是一种经验，在痛苦之中把这些微不足道的成就当做是自己的运气好好地去接受它，这也可算是幸福。

②对变化无常也要笑脸相迎

富兰克林曾经很讽刺地说过："在人世间，除了每年必须缴税，以及终将一死之外，其他没有一件事是能够确定的。"

"天有不测风云，人有旦夕祸福"，任何人遇到灾难，情绪都会受到影响，这时一定要操纵好情绪的转换器。

尽管我们遭受各种各样的失意，但拥有的东西仍然很多，就看你是否懂得珍惜。比如，你虽然下了岗，但却有一个和睦的家庭，家中人人健康，无灾无病；你的收入虽然不高，但粗茶淡饭管饱管够，绝无那些富贵病的侵扰；你的配偶或许不够出众，但他（她）不嫖不赌不在外惹事生非，能与你相亲相爱，真情到老；你的孩子虽然没有考上大学，但他（她）却懂得尊老爱幼，晓得自尊，知道奋斗……

③富贵于我如浮云

孔子曰："富贵于我如浮云"。一个人的志气要在清心寡欲的状态下表现出来，而一个人的节操却是在贪图物质享受中丧失殆尽。一个磨练心性、拥有远大志向的人，必须有木石一般坚定的意志，有如行云流水般的淡泊胸怀，如此才能成就大业。

④莫为虚名献此身

名是人间各种矛盾、冲突的重要起因，也是人生活之中诸多烦恼、愁苦的根源所在。

做人只是做人，千万不要为名声而做人，为了求人知道而做人。老子说："知道我的人不多，就显示了我的贵。"知道我的人多，是因为我过于平浅庸俗；知道我的人少，是因为我高深莫测，所以才显得尊贵。那么，现在的你还在为什么高贵的头衔处心积虑毫不知足吗？

⑤对待成功要学会气定神闲

当你到达成功的峰顶，倍享殊荣之时，也就是你面临该思索如何退下之日。这时要做到心境平和、从容，则需要绝大的智慧和坚定的决心。

你要知道，拥有的越多就越怕失去的多，越会觉得负担沉重，无从解脱。结果必然导致诸般牵绊与干扰纷至沓来，挥之不去，致使自己举步维艰，"取"之乐趣就变成人生的拖累了。

⑥鱼和熊掌绝对不可兼得

宽容地对待得失是一种积极的人生态度。在忠孝之间，功名富贵和隐逸山林之间，从政经商乃至恋爱交友之间，都存在着得失问题。只有宽容的人，才会善待自己。

自古人生，有得必有失，有失必有得，若要兼顾，总是很艰难。对于得到的东西，要知道珍惜；对于失去的东西，也不要索怀，这是明智的生活态度，这就是知足常乐。

⑦最重要的一点是珍视你的健康

古希腊哲学家赫拉克利特说："如果没有健康，智慧就难以表现，文化无从施展，力量不能战斗、财产变成废物，知识也无法利用。"健康是你最大的幸福。

"知足常乐"是一种超然的人生态度，更是这个物欲横流纷繁嘈杂又急功近利的社会所需要的急救针。因为不知足，不知多少社会的精英陨落在自己设下的浮华喧闹的物欲追求的多压之下。其实无论何时，都要知道，还有许多境况不如他们的人过得却很快乐，很有价值，为什么？因为他们懂得感恩，懂得知足，所以尝到了幸福的滋味！这才是任何物质都换不来的一笔人生财富！

9. 名利于我如浮云

人的一生所需的东西，不过是名、利二字。因为它们确实是能带来让人享用不尽的快乐、地位与尊严。甚至是虚荣。但是，过分地追名逐利却会让整个世界黯淡下来，失去光华和色彩。你的智慧也会在竞争的大大小小的战场上消耗殆尽，终有一天回过头来却发现除了剩下一堆徒有其表的躯壳外根本体会不到任何幸福的感觉。所以，淡泊名利，成为一切养生大师淳淳告诫我们的东西。

《菜根谭》有云："人生减省一分，便超脱一分。"在人生旅途中，如果什么事都减省一些，便能超越尘事的羁绊。一旦超脱尘世，精神会更空灵。洪应明又说："比如，减少交际应酬，可以避免不必要的纠纷；减少口舌，可以少受责难；减少判断，可以减轻心理负担；减少智慧，可以保全本真；不去减省而一味增加的人，可谓作茧自缚。"

以淡泊的心境看待人生，就算是设立的目标努力到最后一个也没有实现，也不会太过伤感，因为"谋事在人，成事在天"，只要付出努力，投入奋斗，体味过竞争的残酷，体会到汗水的甜美，人生就不枉然，你就能拥有充实和幸福的人生。

当一位朋友发现居里夫人的小女儿手里正在玩的是英国皇家科学院最近授予居里夫人的一枚金质奖章时，他不禁大吃一惊，忙问："居里夫人，能够得到一枚英国皇家科学院颁发的奖章是极高的荣誉，你怎么能让孩子随便拿着玩呢？"

居里夫人说："荣誉就是玩具，只能看看而已，绝不能永远守着它，否则就将一事无成。"

真正追求成功的人只是把眼前取得的成就，成就的名声看做是对过去的一个总结。

一天在办公室，30岁的千万富翁富勒心脏病突发，而他的妻子在这之前由于他常常忙于工作无暇顾及她和两个孩子而痛苦不已也刚刚打算离开他。他开始意识到自己对财富的追求已经耗费了所有他真正珍惜的东西。他打电话给妻子，要求见一面。当他们见面时，他们热泪滚滚，于是决定消除掉破坏他们生活的东西——他的生意和物质财富。

他们卖掉了所有的东西，包括公司、房子、游艇，然后把所得的收入捐给了教堂、学校和慈善机构。他的朋友认为他疯了，但富勒感到从没比现在更清醒过。

接下来，富勒和妻子开始投身于一桩伟大的事业——为美国和世界其他地方的无家可归的贫民修建"人类家园"。目前，人类家园已在全世界建造了6万多套房子。富勒曾为财富所困，几乎成为财富的奴隶，差点儿被财富夺走他的妻儿和健康；而现在，他是财富的主人，他和妻子为人类的幸福工作，他拥有了自信而乐观的生活，他觉得他是世界上最富有的人。

面对名，居里夫人没有被它所带来的虚荣羁绊住，而是告诉我们，那不过是已成为过去的东西，多想无益；面对利，富勒又告诉我们，财物几乎买不到世界上所有珍贵的东西——健康、生命、家庭、孩子……他们的生活虽然由于放弃了名利而略显苍白，而事实上，他们是天底下最大的富翁！

一生拼命追名逐利而让自己在难以承受的重压下逝去的人太多了，很难想象，在临终时他们的感觉会是因名利而满足，到那个时候恐怕最想得到的是心底的救赎和围绕在身边的亲人传递给他的力量吧！淡泊名利，其实就是在给自己储蓄甜蜜和幸福。

尧要把天下让给许由，说："日月都出来了，而烛火还不熄灭，要和日月比光，不是很难为吗？先生一在位，天下便可安定，而我还占着这个位，自己觉得很羞愧，请容我把天下让给你。"

许由说：

"你治理天下，已经很安定了。而我还来代替你，为着名吗？是为着求地位和利益？小鸟在深林里筑巢，所需不过一枝，鼹鼠到河里饮水，所需不过满腹。你请回吧，我要天下做什么呢？"

这寓言是说：天地之间广大无比，而在此之中，人所需又如此的渺小，拿自己的所需与天地相比那不是很可怜吗？何不效法天地之自然，而求得心性的自由和逍遥呢。

看看我们身边，尚有如此多的身外之物，如此多的被名利所扰的疲惫之人。天下虽大，名利虽多，换不来的是内心的宁静与祥和。既然想拥有却不能拥有的东西是一种痛苦，那么不如选择放弃吧！淡泊名利就是要在天地间来去自由，无牵无绊，就是要让自己过得比别人轻松和优雅！

第九章 没有压力人生注定黯淡无光

狭路相逢勇者胜。面对压力,懦弱的人们会缩着脖子乖乖让到一旁,而勇敢的人不但敢于向它挑战,还会主动迎接这场战争。他们不是狂妄,不是冲动,更不是愚笨,而是因为这些笑傲沙场的勇士们懂得,只有压力才会让一个人从渺小走向伟大,从青涩走向成熟,从孱弱走向坚强。没有压力的人生,注定是一粒微不足道的尘埃,永远没有变成黄金的机会。所以,给自己加压吧!

1. 拥有一颗"高压"心脏

让自己处于高压之中？别误会，这不是说让你兴致勃勃地争着去得高血压，不是说要你做奔拉着脑袋拼命狠干的老黄牛，不是说让你变成永不停歇而且不用上油的机器，更不是让你钻入事业的围城中挣不出来。拥有一颗"高压"心脏，是在适当的时候给自己加压，是在经过慎重考虑之后，为自己的人生之路所选择的一种积极态度，是为了避开尖刺摘到那朵娇艳的玫瑰，是为了给单调的天空抹上一道彩虹的色彩。给自己压力，是为了给自己添一场风雨，让自己变得铁骨铮铮，给自己压力，是为了在雪崩之前到达山顶，留得性命。

大家都知道，没有狼群就没有草原上黄羊的矫健身影，没有危机感的人注定庸庸碌碌，一事无成。生命中缺少了压力，就如同咖啡缺少了苦味丧失了芳香，如同停留在没拉开弦上的弓箭，看不到矫健的身影和飞跃的激情。所以给自己一些压力吧！只有懂得它的可贵之处的人，只有经受生命考验的人，只有敢于向它提出挑战的人，才有可能成为真正的强者。现在，让我们学习不知死亡不知疲倦不知危险的一只海燕，在狂风暴雨下高呼：让压力的暴风雨来的更猛烈些吧！

压力是人生的磨刀石，在它粗励身体的打磨下，生命会变得更加锋利和生机勃勃。

压力是人生的一场暴雨，雨过天晴后，坚挺的树木会蔑视身下七零八落的花花草草。

不要害怕压力，不要认为自己能力有限。只要你充满信心，就有可能用稚嫩脆弱的肩膀扛起整个世界！然而，它就真的是你的了！相信吗？如果你仍心存疑虑，那就试着来这样做吧，从现在开始起，闭上眼睛，大声地告诉自己"我要给自己加压"！

2. 坚持是收获成功的镰刀

不管前途有多少艰难险阻，都要无怨无悔于当初的那个选择。虽然压力无限，困难重重，但只要是承受得起坚持得住，总有一天会苦尽甘来。坚持！就是给自己加压，坚持！就是所向无敌的高贵品质！

士兵在丛林里作战要做好伪装，并和森林融为一色，无论如何是不能暴露自己的，否则就会给整个部队招来了灭顶之灾。这时，不管是吸血的肥大蚂蟥，还是吐着信子在身边游走的毒蛇，不管是沼泽里冒着臭味的腐气还是正在不远处盯着你想把你当成美餐的鳄鱼，都不能让你的身子有所晃动。在这片丛林中，坚持就是给自己精神加上压力，压上战友的生命，压上战争的胜利，压上成功后的无数荣誉。

最先学会坚持的人是最先成熟的人，最先学会给自己加压又能冲破难关走到最后的是最有勇气的人！成熟加上勇气就能让你具备了领导自己走向胜利的必备素质。

现实生活中，从来就没有什么真正的绝境。面对困难时，不要就此绝望、妥协，先从精神上认了输，低了头，而是应该发挥自己的勇气和智慧，用坚强的意志支撑下去，到那时你就会发现世界上并没有什么不可能做到的事，更别说是困难了。

一个大学的篮球教练，他执教一个很烂的、刚刚连输了10场比赛的球队，这位教练给队员灌输的观念是："过去不等于未来"，"没有失败，只有暂时停止成功"，"过去的失败不算什么，这次是全新的开始"。在第11场比赛打到中场时，他们又落后了30分，休息室里每个球员都垂头丧气，教练问球员："你们要放弃吗？"球员嘴巴讲不要放弃，可肢体动作表明已经承认失败了。教练又说："各位，假如今天是篮球之神迈克尔·乔丹在场，他会放弃吗？"球员道："他不会放弃！"

教练又道:"假如今天是拳王阿里被打得鼻青脸肿,但在钟声还没有响起、比赛还没有结束的情况下,他会不会选择放弃?"球员答道:"不会!""假如发明电灯的爱迪生来打篮球,他遇到这种状况,会不会放弃?"球员回答:"不会!"教练问他们第四个问题:"米勒会不会放弃?"这时全场非常安静,有人举手问:"米勒是谁,怎么连听都没听说过?"教练带着一个淡淡的微笑道:"这个问题问得非常好,因为米勒以前在比赛的时候选择了放弃,所以你从来就没有听说过他的名字!"

这个故事告诉我们,只要你不放弃,有毅力、有勇气坚持住,你就有机会成功,但如果放弃,你就连最后一点机会都没有了。它也是人生能够成功的秘诀。如果你还是失败了,不需要强调什么客观的理由,你惟一的失败就是选择了放弃,因为成功者的格言是"坚持就是胜利!"

我们怎么样才能顶住压力,坚持不懈呢?这与一个人的心理素质有关。尽管没有什么简便的方法,但以下的建议倒是可以做个参考,希望它能够帮你摆正心态,锲而不舍地追求自己的目标。

①有所为有所不为。孟子说:"人有不为也,而后可以有为。"意思是说先要决定哪些是不应该做的事,然后才能积极去做那些应该做的事。

过人的耐心需要自律支撑。自律就是要做出选择。每当你肯定一个目标时,你就要否定许多东西。也就是你必须付出的代价。著名美籍乌克兰男中音歌唱家伊戈哥林曾谈到他早期学音乐的情形。那时候他喜欢抽烟斗,可是有一天,他的教授对他说:"伊戈,你要决定你到底想成为一个杰出的歌唱家,还是成为一个杰出的抽烟斗者,你不能两者兼得。"结果他明智地放弃了烟斗。

②坚持自我。有耐心的人生活的较为快乐,因为他们发挥了内在的潜力。在耐心的督促下你会学到更多知识和技能积累到更多的经验,这些都将对你的成功有很大的好处。

③努力改变自己的某些习惯。许多人失败是因为他们在改变一种坏

习惯的时候，只着重原有的不良行为，而非着重一种可以取代它的新行为。

很多人曾说过，他们想改善饮食习惯，可是，他们又不愿意"放弃"味道好的食物。其实，他们不应该只是想着那些"不能"吃的东西，而是应该想着他们"可以"吃的东西。果汁加有汽的矿泉水，味道绝不比高热量的汽水差；用海苔卷的牛柳也可以与铁板烧一决高下。

④习惯成自然。不少儿童每天早上都要母亲叫醒："该起床了！"但他们往往总是赖在床上，拖到最后的一刻，常常弄到母亲生气。等到逐渐长大，就可以自己催促自己起床了，因为他们已经养成了习惯。

过人的耐心可以培养成为习惯。由于你越来越想得到耐心的好处，因此这种习惯会累积得越来越多。到你终于克服了惰性之后，你就会在各方面觉得比以前好得多。而耐心发展到足以支撑我们取胜的时候就更变成了毅力，变成了催促你向前的精神支柱。

我们常常只看到成功的人无限风光，却看不到他们坚毅的脸和奋斗的汗水，我们常常羡慕某人的机会、运气，却看不到他们的信念和信心。一个人在向着自己的目标前进过程中，只要勇敢背负起压力给他造成的创伤，定有一天会取得成功。就像一个古老的故事里所说的，一个渴死在沙漠里的人，周围挖了无数的坑，只要他再坚持一点点，再往深处挖一点点，数眼甘泉就会喷涌而出，他就可以逃离厄运了。所以，鼓起你的勇气，坚持住，继续寻找属于自己的甘泉吧！

3. 逆境是杯里的咖啡

在人生的奋斗之路上，逆境就像个永不知疲倦的挚友，不离不弃地时刻与你相随。在它面前，如果你选择逃避，它就嘲笑你，并且永远成为你前进路上的挡路虎；如果你畏畏缩缩不知所措，它迟早会把你吓唬跑；如果你大踏步迎上去与之对抗的话，说不准你会有力量扳倒它！所以，接受自己跌了一个跟头的现实，你爬起来后身体会更加坚强！意志也一样。

身处逆境的人都曾有过这样的经历：事业失败、家庭崩溃、亲人去世、朋友分道扬镳……几乎一个接一个跟头都突然喜欢上了你，开开心心地与你做起了游戏。为此，你流泪了、失望了、颓唐了，觉得整个世界都成了你的敌人。可是，面对逆境，有人擦干泪水和鲜血后爬了起来，坚定地继续向前走，而有的人却葬身其中，永不瞑目。其实，谁都有失意的时候，不同的是勇敢的人向它发起了挑战，向逆境加在自己身上的命运开始挑战了！所以，他们也就有了获得胜利的机会。事实证明他们这么做确实成功了。为什么呢？因为站不起来的人们实在太多了，命运之神不得不将本想赋予所有人的战利品送给他们几个。所以，要站起来，把失意的压力转化为激起你斗志的不竭动力吧！

有一次一场大火烧光了爱迪生的设备和成果，但他却说："大火把我们的错误全都烧光了，现在我们可以重新开始了。"

当一名记者问美国前总统威尔逊是否理解什么是贫穷时，这位总统向记者讲述了一段他自己的故事："我10岁时就离开了家，当了11年的学徒工，每年接受一个月的学校教育。在经过11年的艰辛工作之后，我得到了1头牛和6只绵羊作为报酬。总价值84美元。21年来，我从来没有在娱乐上花过1美元，每个美分都是经过精心算计的。我完全知道拖着疲惫的脚步在漫无尽头的盘山路上行走是什么样的痛苦感觉，我不得不请求我的同伴们丢下我先走……在我21岁生日之后的第一个月，我带着一队人马进入了人迹罕至的大森林，去采伐那里的大原木。每天，我都是在天际的第一缕曙光出现之前起床，披星戴月的回家。在一个月夜以继日的辛劳努力之后，我获得了6美元作为报酬，当时在我看来，这可真是一个大数目啊！每个美元在我眼里都跟今天晚上那又大又圆、银光四溢的月亮一样。"

在这样的穷途困境中,威尔逊下决心,不让任何一个可以改变这种境遇的机会溜走。他像抓住黄金一样紧紧地抓住了零星的时间,不让一分一秒被毫无意义地浪费掉,在他21岁之前,他已经设法读了1000本好书——想想看,对一个农场里的孩子,这是多么艰巨的任务啊!面对逆境,威尔逊没有失望,没有放弃,最后,他成功了。一位贫苦人家的孩子竟当上了美国总统,这是多么令人赞叹和惊讶的事情!

对待逆境的态度,从某种意义上来说是观察一个人是否具有成功前途的标志之一。

巴尔扎克说:"苦难对于一个天才是一块垫脚石,对于能干的人是一笔财富,而对于庸人却是一个万丈深渊。"有的人在逆境面前不屈服、不后退、不动摇,顽强地同命运抗争,因而在重重困难中冲开一条通向胜利的路,成了征服困难的英雄,掌握自己命运的主人。而有的人在生活的失意和打击面前,垂头丧气,自暴自弃,丧失了继续前进的勇气和信心,于是成了庸人和懦夫。培根说:"好的运气令人羡慕,而战胜厄运则更令人惊叹。"生活中,人们对于那些冲破困难和阻力、坚持到底的人,怀有深深的景仰之情,也将他们当做自己的偶像和奋斗的榜样。

其实,面对逆境,你也可能征服它,让它成为你成功之路上的动力。

①坚持到底。局面越是棘手,越要努力尝试。过早地放弃努力,只会让你一辈子都失去信心,不敢再去尝试改变自己的命运的方法。只有坚持下去,加倍努力和增快前进的步伐,下定决心坚持到底,并一直坚持到把事情办成。

②时刻都不能小看问题。要切实地估计自己面临的危机,不要低估问题的严重性。在行动之前做好充足的准备,这样会让你放开手脚做事。

③做最大的努力。既然你已经失去那么多了,还怕什么呢?放手处理困难吧,不要担心把精力用尽。你拥有的越少就损失的越少!因此没

什么可怕的。

④控制好情绪。当不幸的环境把你推入危机之中时，不要压抑自己的情绪，生气是正常的。一方面对你来说重要的是要弄明白自己在造成这种困境中起了什么作用；另一方面，你是有权利为了这些问题花了那么多时间而恼火的，但在生气过后你必须马上调整好自己的情绪，不能一直沮丧下去。

⑤不要试图一下子解决所有的问题。当经历了一次严重的危机和事件之后，在你的情绪完全恢复以前，要满足于每次只迈出一小步。不要企图当个超人，一下子解决自己所有的问题。要挑一件力所能及的事，就干这么一件。而每一次对成功的体验都会增强你的力量和积极的观念。

⑥坚持尝试。扭转逆境的方法不是轻易就能找到的。然而，如果你坚持不懈地寻求新的出路，愿意在成功的可能性很低的情况下去尝试，你就能找到出路。与其专注于灾难的深重，莫若努力去寻求一线希望和可取的积极之路。即使是在混乱与灾难中，也可能形成你独到的见解，它将把你引导到一个值得一试的新的冒险之中。

把逆境当成山间的风暴吧，只有顶着它，继续向山顶攀登，才能有生存下来的希望。让它挖掘出你的潜能、你的力量、你的信念，挖掘出你的智慧、你的勇气、你的希望，将它们凝聚成成功的结晶吧！逆境如同黑咖啡，永远都弥散着苦尽甘来的诱人滋味，要学会含泪品尝。

4. 快人一步，独占先机

快人一步永远是克敌制胜的法宝。让自己处在领先地位，就是要在别人睡觉的时候你攻读热门的技术课程，在别人逛街的时候你在网络上搜寻淘金的信息。

总之，做事情走在别人前面的人是最先遇上机会的人。

想要占据竞争中的有利位置，办法只有一个，就是能人所不能。这就要求你不仅要有智慧的大脑，扎实的技能，更要有敏锐的眼光和时刻充满危机感，发现一切的意识，当这一切都化为你的习惯时，你已经站在领先的位置上了，在这个时候别人可能还在慢吞吞地做准备工作。你说，第一名会花落谁家呢？

有一个缺水的边远小镇，居民要到5里外的地方去挑水吃。

聪明的村民甲看到其中的商机，他挑起水桶，以挑水、卖水为业，每担水卖2角钱，虽然辛苦点，还算是一条不错的路子。村民乙看了，也走上挑水、卖水之路，并且将两个儿子也动员起来，很快也赚了不少钱，甲想，你家劳动力强，我比不过，索性买来了20副水桶，请了20个闲散劳动力，由他们挑水，自己坐镇卖水，每担水得到5分钱。这样，既省了力气，又多赚了钱。可时间一长，这些闲散劳动力熟悉了门道，不再愿意被抽成，纷纷单干去了。于是，甲一下子成了光杆司令。

略加思索，甲请人做了两个大水柜车，并租来两头牛，用牛拉车运水，每次40担，效率又提高了，成本却降低了，因此赚头更大了。这让其他人看得直眼红。

人们很快看到"规模经营"的优势，于是纷纷联合起来，或用牛拉车，或用马拉车，参与到竞争中。

然而，正当竞争日益激烈时，人们突然发现，自己的水竟然卖不出去了——原来，甲买来水管，安装了管道，让水从水源处直接流到村子里，自己只要坐在家里卖水就行了，且价格大幅度下降，一下子垄断了全部市场。

这不只是一个故事，而是告诉我们社会就是这样，善于动脑筋的人走在前头，其他人则在后面跟着走。如果你是走在前边的人，你也会成为佼佼者。

培养新习惯就要变换新思路，遇事脑子多转几个弯，寻找习惯的空隙，用智慧创造奇迹，这样才能永远走在别人的面前。同时，要冷静思

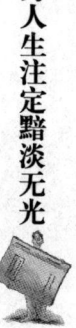

考，触类旁通，借他山之石以攻玉，弃人之短，取人之长。

在人生的旅途中，每个人都要积极开发自己的潜力，养成灵活看待问题的好习惯，用快人一步的智慧来获得一生的不断成功。在现代社会，许多人、许多企业有一个共同的苦恼：好容易想出一个好主意、好办法、好点子，可没过多久发现不是其他人已经率先注册了，就是让人家偷走了，模仿的、克隆的、假冒的，无所不用其极。

为此，你必须让自己的思维永远快人一步，做法技术永远高人一筹。这样即使别人可以偷走你现在的成果，却永远偷不走你的智慧。因此，我们要永远开创新的路子，永远拥有独到的智慧，最终将创新变成自己的日常习惯，使自己永远立于竞争的潮头。

想要永远走在别人前边，除了思考遇到眼前这种情况后别人是怎么想的，参考成功者的事例外，还要注意以下几点：

①要有充分的思想准备，我们今天的生活中，各种新的东西犹如市场上的各种货物，琳琅满目，相互竞争，供你选择。

如果以迟钝的、保守的眼光看待和对待今天的生活，就势必会被不断向前的生活新潮流远远抛在后面，从而成为一个"不识时务"或"不合时宜"的人。

②脑瓜儿要灵活要不拘泥于任何陈式、习惯和经验，不受任何既定的思路和方案的束缚，随时拿出新的招数来应付新的情况，以快速的心理反应来对付快速变化的形势。

传统的人常以一种"一条道走到黑"的方式想问题，沿着笔直的思路深钻下去，并且矢志不渝。当然也有钻出成果来的，但是因此而钻进死胡同的人亦屡见不鲜。因为现代社会变化太快了，在一个封闭的系统内深钻，钻得越久，离飞速发展的现代社会相距就有可能越远。

所以必须时刻保持高度灵活性，表现为反经验性的特点才有可能开创一片属于自己的天地。是的，一项重大决策，其因素之繁多，结构之复杂，功能之综合，时空跨度之大，参变量之众多，输出输入信息量之巨大，都是传统社会所不曾具有的。复杂多变的社会，大大加速了已有经验的陈旧化。死守着过去的经验的人，难免会碰大钉子。生命之树常青，万事万物都在变，认识事物、改造事物的方法也在变。今天适用的方法明天不一定适用；此地适用的方法，彼地不一定适用。

③未雨绸缪。每当面临复杂的局势和关系重大的场合，必须反复考虑自己所应采取的相应措施和行动。以及这样做会出现的结果。走在别人前边虽需要冒险精神但绝不是单纯的冒险。任何时候面对挑战都要做最周密的准备。

④不拘泥于形式，效益为先。许多有抱负、有才华、有干劲的人太着重于工作的严密性和步骤，以致成功者甚少。

心理学家的一个发现：快人一步的人，几乎从不受工作的性质和形式所限制，他们从不把失误看成失败；相反，他们从中吸取教训，以便使今后的工作更为出色，这就是他们处理事情灵活机动的原因：从失误中找到可行性并对其处理加工。

⑤不要畏惧新生事物。在生活中，由无聊、重复、单调而产生的寂寞会逐渐腐蚀人的心灵。相反，消除一些单调的常规因素倒会使你避免精神崩溃。积极尝试新事物，能使一蹶不振、灰心失望的人重新恢复生活的勇气，重新把握住生活的主动权。

⑥计划不如变化快。缺乏自信的人相应地缺乏安全感，凡事都喜欢追求稳妥保险。没有办法定出所谓清晰的计划，其中有许多偶然的因素在发生作用。有条有理并不能给人带来幸福，成功的火花往往是在偶然的机遇和奇特的直观感觉中迸发出来的，只有欣赏并努力捕捉这些转瞬即逝的火花，思想才会变得生气勃勃，富有活力。

永远快人一步是成功的不二法则。第一个敢于吃螃蟹的人不仅会赢得声誉，更会赢得物质的奖励，走在最前面的人也一定能得到清晨第一缕曙光的祝福。为了这些，为了生命因此而多姿多彩，让自己从现在就行动起来，追上他人并超越他人吧！

5. 寻找悬崖上的那一株灵芝草

过了一段平庸无聊的日子后，你突然发现时间不能再被这样浪费掉了，生活需要被新的激情之火点燃，于是你开始了寻找新鲜工作的冒险之旅。

生于忧患，死于安乐，这是千百年来亘古不变的真理。在历史上，多少首倡者揭竿而起白手打拼出自己的一片江山。陈胜吴广的农民起义，对原本是"小民"的他们来说是生命的一次冒险，不管结局如何他们都永载史册；华佗试用麻沸散是种冒险，也因此而制成了世界上最早的麻醉药剂，泽被后世；诺贝尔发明炸药是一种冒险，却为人们带来了甘苦不同的果子……这样的人和他们所留在世界上的丰功伟绩实在是太多太多了。究其成功之道我们不难发现，那就是：他们都敢于冒险！敢于把自己的生命押在自己的事业之上！

有人问：人为什么要冒险？因为你不冒险就永远不会有胜利。每一个人心里都希望自己成为某种人物，能达到某种境界。问题出在大家坐等机会来临，而机会是不会光顾守株待兔的人的，只有进取的人才能抓到机会。就像战场上的士兵，如果不冒险去完成一项艰难的任务他是永远得不到荣誉的。

一个人若想有所成就，不主动出击，不顶风冒险奇迹是不会出现的。但这并不是说，为了一件你根本做不到的事情随随便便把宝贵的生命押在上面。只是教你懂得，只有敢于冒险，善于冒险，用它所制造出来的一个个麻烦来压迫你、鞭策你，才有可能让平凡的生活变得不平凡，让单调的世界不再单调，为此，你也要享受冒险的乐趣！

在经济大萧条时，不少工厂和商店纷纷倒闭，被迫贱价抛售自己堆积如山的存货，价钱低到1美元可以买到100双袜子。

那时，约翰·甘布士还是一家织制厂的小技师。他马上把自己积蓄的钱用于收购低价货物，人们见到他这股傻劲，都公然嘲笑他是个蠢才！

约翰·甘布士对别人的嘲笑漠然置之，依旧收购各工厂和商店抛售的货物，并租了很大的货仓来贮货。

他妻子劝说他，不要把这些别人廉价抛售的东西购入，因为他们历年积蓄下来的钱数量有限，而且是准备用做子女教养费的。如果此举血本无归，那么后果便不堪设想。

对于妻子忧心忡忡的劝告，甘布士笑过后又安慰她道：

"三个月以后，我们就可以靠这些廉价货物发大财。"

甘布士的话似乎兑现不了。

过了十多天后，那些工厂贱价抛售也找不到买主了，便把所有存货用车运走烧掉，以此稳定市场上的物价。

太太看到别人已经在焚烧货物，不由得焦急万分，抱怨起甘布士，对于妻子的抱怨，甘布士一言不发。

终于，美国政府采取了紧急行动，稳定了但维尔地方的物价，并且大力支持那里的厂商复业。

这时，甘布士家所在的地区因焚烧的货物过多，存货欠缺，物价一天天飞涨。约翰·甘布士马上把自己库存的货物大量抛售出去，一来赚了一大笔钱，二来使市场物价得以稳定，不致暴涨不断。

在他决定抛售货物时，他妻子又劝告他暂时不忙把货物出售，因为物价还在一天一天飞涨。

他平静地说：

"是抛售的时候了，再拖延一段时间，就会后悔莫及。"

果然，甘布士的存货刚刚售完，物价便跌了下来；他的妻子对他的远见钦佩不已。

后来，甘布士用这笔赚来的钱，开设了五家百货商店，生意十分

第九章 没有压力人生注定黯淡无光

· 215 ·

兴旺。

如今，甘布士已是在美国举足轻重的商业巨子了。

应该说明的是，冒险并不是探险，而是平中生变，铤而走险却又成竹在胸的奇招，是认准机缘，创造机遇，抓住机遇的主动表现，要想具备这种精神，你的头脑中必须有以下的概念。

①冒险首先要求的是勇敢精神，但不是盲目冒险。成功者首要的是目的明确，在目标召唤下勇敢地去做、冒险地去做。

②永远不犯错，就永远做不成大事。因此，你需要养成干脆利落的习惯而不是做事拖拖沓沓，畏首畏尾。首先，遇到有小事要决定的时候，练习"快动作"。譬如说，决定看哪一部电影，写什么信，要不要买某一件外套。电影只用五分钟决定，信用一小时，外套大约二三小时。

③强制自己在某一时限内做决定，决定好了就不要改变，或许你会觉得某件事太莽撞，太不顾虑后果，但事情过了几天，说不定会意想不到地对自己的决定感到满意。

④当然比较重大长远的事还是要慎重考虑的，不要在有限的多少小时或分钟之内迅速决定婚姻、生子、投资之类的问题。不过，平时多采用快动作，可培养面临重大事项时的决断力。

让自己具备冒险精神，是成功之神在远处的微笑和肯定。勇敢地去摘悬崖上的灵芝草吧！只要你不盲目，有目标并且有毅力的话，你拽住的就不只是机遇，而是属于你的整个世界了。冒险之路永远是给聪明人和有勇气、有魄力的人敞开的。所以，让自己学会冒险吧！

6. 预则立，不预则废

永远不要打无准备的仗！当你为了一个突发奇想的目标蠢蠢欲动时，请牢记这一点，它会帮你避开许多失败设下的陷阱，也会让你不错过来到身边的每一次机遇。

"未雨酬缪"永远是成功者告诫我们的。在生活之路上，如果在想夺取某个目标之前就提前给自己脑中打个预防针，提前预感到危机和压力的话，也许成功的几率会高很多。因此，未做事之前就意识到压力的存在，并痛快地承担起来，多积累经验，并时刻提高警惕，即使最后不能取得成功，也能全身而退。当你抓住机会的时候，就会说："我太幸运了！"其实不是命运之神偏爱你，而是你的前期准备活动的到位助你获得成功。然后，回想起来你会发现在做事之前就让自己做好充分的准备是多么明智的做法！

有一次，安纳先生打算买一所华盛顿的老旅店。拍卖人决定卖给出价最高的投标人，而投标的数额将在指定的一天公之于众。就在临近这一期限的前几天，安纳提出了一份价值16万5千美元的投标。那天晚上，他睡觉时模糊地感到一种内心的烦乱，醒来时强烈地预感到他的投标将不会获胜。"这仅仅是感觉不妙。"他后来说。由于服从了这一奇怪的直觉，他又提交了另一份投标数额，18万美元。这是最高的投标，比他少一点的第二号投标额是17万9千8百美元。

听上去似乎是有些神奇，但事实上安纳的预感本来就是涌上心头的、原来储存在他心灵深处的那些事实。自从他年轻时在得克萨斯州买下了第一所旅馆，他一直在收集关于这一行的信息。不仅如此，在对华盛顿旅馆的投标中，他毫无疑问是预先知道很多有竞争可能的投标人的情况的。当他的有意识的大脑集合了已知的材料并且提出一个投标额时，他的潜意识正在一间巨大而隐秘的仓库里翻找着其他那些事实，并且推论出那个投标额：太低了。他相信了这个预感，它竟是令人吃惊的准确。这并不是说人的第六感觉能起到绝处逢生的作用，更不是在宣扬神秘主义。从这个例子中我们可以看出，预感是由于事先做好准备，早已在脑中形成的意识所造就的，安纳先生的成功之处，其实是建立在他收集足够多的资料，有了足够的经验的基础上的。

第九章 没有压力人生注定黯淡无光

要做到大事未谋，小事先行，暗中砥砺，有效准备的话，贵在坚持，贵在细心，贵在有把握全局，统筹规划的能力。

①给自己一个努力的方向

目标是引导生命之舟行进的灯塔，要付出努力，就得首先明白你将为什么效力。然后就要行动去实现它。如果不化目标为行动，那么所制定的目标就成了毫无意义的东西。

②在为目标奋斗的过程中做个有心人

a. 时时保持专注。不要贪图一时快意，而分心去做和行动计划毫不相干的事。否则，你将会得不偿失。b. 了解和它相关的一切并保持应变能力。保持应变能力与专心致志并不会互相冲突。当你收集的东西越多，努力越多，越靠近目标时，可能会发现它与你所想的有很大出入，这时你要及时调整步调避免损失。

③心态始终要积极

为了确保行动计划的成功，你需要保持高度兴致。欲望是联结行动与计划的动力，也是成功的重要关键。你对自己所从事的事业真正喜欢时你才有可能做好一切准备。

积累和准备并不是一种负累，而是一种知识和经验，它可以内化为人自身的素质并指引其成功的方向。就像考试前的准备，只有平时注重积累才能在考试时取得好成绩。所以，当你心甘情愿地想为一个理想努力的话，就一定要立刻行动起来，着手做充分有效的准备吧！

7. "小"中自有乾坤在

古人训：勿以善小而不为，勿以恶小而为之。不管你有多么高的抱负，多么远大的理想，首先都要把身边这份微不足道的工作做好。有时候一个认真的态度能养成一个好习惯，一个好习惯能成就一生的事业。

抱怨可不是什么好的开始。也许你名牌学校毕业，却没有高薪又轻闲的工作要你；也许你是"海归"一族，却没有自己创业的机会；也许你人生理想很高，却摆脱不了库管员的命运……面对这一切，如果你看不起它，任由苦恼破坏掉你的梦想、你的抱负的话可就得不偿失了。正确的做法是，接受现实，不要把它们当做垃圾随便"处理"掉，而要把它们当做自己的事业，随时随地都要严阵以待。

也许你觉得在如此不起眼的岗位上、工作上还要给自己压力那肯定是吃错药了。但是，在小事情上能兢兢业业获得成功，才有可能取到更大的胜利。这也就应了一句古话：一屋不扫，何以扫天下？让自己时刻斗志昂扬才是临危不乱的良药秘方。

当你全心全意扑在一个事业上时，你会发现，这个事业并不小。而且许多富翁当年也是先从"小商小贩"做起的。一下子把目标定的太高难以实现的话是不会有什么令人满意的结果。

有一位曾经干过人寿保险的业务人员，同时在他的事业上也是一位成大事者。他认为：若要增加人家对他的好感，应该先把自己的外貌整理好，因此，从刚开始做微不足道的业务员开始起他就每天早上在镜子前仔细研究，想办法使别人对他产生好感，所以，可以这么说，他的成大事，便是他平常累积小事而导致的。

万丈高楼平地起，你不要认为为了一分钱与别人讨价还价是一件丑事，也不要认为小商小贩没什么出息，金钱需要一分一厘积攒，而人生经验也需要一点一滴积累。在你成为富翁的那一天，你已成了一位人生经验十分丰富的人。

在这个世界上，很多成大事、赚大钱者并不是一走上社会就取得如此业绩，很多大企业家就是从伙计当起，很多政治家是从小职员当起，很多将军是从小兵当起，人们很少见到一走上社会就真正叱咤风云的人！所以，当你的条件只是"普通"，又没有良好的家庭背景时，那么先踏实做好小事再冲着大事奋进，绝对没错！你绝不能拿"机遇"赌，

第九章　没有压力人生注定黯淡无光

因为"机遇"是看不到抓不到，难以预测的，而且一旦错过了想咸鱼翻身就有些难度！

那么先做好手头的工作，有什么好处呢？

①在"不显眼"的岗位上也兢兢业业的最大的好处是可以在低风险的情况之下积累工作经验，同时也可以借此了解自己的能力。当你做小事得心应手时，就可以做大一点的事。

②"做小事"还可培养自己踏实的做事态度和金钱观念，这对日后的创业发展以及一生的生活习惯都有莫大的助益！

所以千万别自大地认为自己天生就是个"做大事，赚大钱"的人，而不屑去做小事、赚小钱。

你要知道，连小事也做不好，连小钱也不愿意赚或赚不来的人，别人是不会相信你能做大事、赚大钱的！你自己也会为自己的这种态度绊几个大跟头的！而无论在什么方面都用心去做的人最终会成就自己耐心的态度和丰富的经验，然后你就会突然发现自己具备做大事的种种条件了。

8. 和差距过过招

不得不承认，人们之间还是有很大差距的，从智商从口才从容貌等等。就算在某些事情上你可能做得比你的朋友好，但他比你聪明却是不争的事实。这个时候打退堂鼓沮丧失望可不是什么办法。你应该做的是，正视人与人之间的差距，努力把这种压力负担起来，并让它成为促进自我发展的一种积极心态。你要大声喊出：天生我材必有用！

歌德曾说过："失掉了勇敢的信念，就等于你把一切都失掉了。"

邓亚萍是我国乒坛乃至世界乒坛上的神奇选手。自她1986年13岁那年拿到第一个全国乒乓球锦标赛冠军开始，到1997年5月的第44届世界乒乓球锦标赛上，在短短的 11 年间，一共拿到 153 个冠军。这不但在中国乒坛，而且在世界乒坛史上都写下了光彩的一页，所有专业人士都声称她是个几千年才出这么一个的超级天才。

在邓亚萍小的时候，为了培养她成才，父亲曾将她送到河南省乒乓球队去深造。然而，去后不久便被退了回来，其理由是个子矮，手臂短，没有发展前途，这在少年邓亚萍的心灵上留下了一道深深的伤痕。令人欣慰的是，在父亲的鼓励下，倔强的邓亚萍并未因此一蹶不振，为了弥补自己与条件优秀的运动员之间的差距，为了改变同伴嘲笑的眼神，她练得更加刻苦。可以这样说，是她本身的不足，成就了乒坛"大姐大"。

和人一比较，任何人都能看到自己的差距所在，即使你只比姐妹重了 0.5 公斤。在人们成长的道路上，更不可能是一帆风顺的，总免不了要经受各种讥讽和困难，"艰难困苦，育汝于成"，"宝剑锋从磨砺出，梅花香自苦寒来"这些都是许许多多成功人士的经验总结。

哲人说得好，你听到的一切并不完全正确，也不要因他人成功的议论而鄙视、否定自己，否则就会陷入自卑的"心灵监狱"。深陷其中的人们认不清自己身上蕴藏着无穷无尽的潜力，心绪萎靡，不知不觉中成了失败的奴隶。

其实，与其让差距消耗掉你最后一点勇气和自信，倒不如正视它，并把它当做人生奋进的一种积极压力，这种自卑情绪所产生的动力要远比本身的优势更具有强大的效果！现在，就让我们学会自我激励的有效步骤吧！

①大哭一场

专家都说伤心一阵子很有作用。当我们正视自己的弱点时请尽情流泪吧。这并不可耻，流眼泪不只是伤心的表现，而且是悲哀或感情的发泄。

即使悲痛在伤心事发生后一段时间才显露出来，也没有关系，只要

终究能发泄就行。

②写日记

许多人把遭逢不幸之后的平复过程逐一记录下来，从中获得抚慰。此法甚至可以产生自疗作用。

③安排活动

要想到人生中还有你所期盼的事；这样想可以加强你勇往直前再创造前途的态度。不妨现在就开始为改变你的弱点做准备。

④学习新技能

当你发现弱点难以弥补时也不用沮丧，找个新嗜好，可以学打球。你可以有个异于往昔的人生，可以借新技能赢取你崭新的人生。

⑤奖励自己

在极端痛苦的时刻，在艰苦的奋斗之路上应把完成每一项工作（不论多么微不足道）都视为成就，奖励自己。

我们应该学会和差距过过招，在我们得意忘形取得成绩时，在我们失意痛苦，一蹶不振时，要提醒自己：你距离真正的成功还有那么一段距离呢！为什么要让情绪威胁到你为成功所做出的努力和奋斗呢！这样的话，你还来不及骄傲和消沉就又开赴成功的战场了！

9. 在自己的天地里遨游最自在

别人的东西，即使再美好也与你无关。想拥有幸福的人生，最佳途径无外乎就是开创自己的事业，并且不顾一切阻力，前进，前进！在自己的天地里呼吸是最畅快的！

也许你会说，我只是个普通人，没有才华，没有金钱，没有权势，怎么可能开创自己的事业呢？一生就过小老百姓的日子算了。如果你已经在这么想，你的日子可能就会过的不那么如意了。人若是给自己定的是高目标，他的生活可能会算得上是中等，如果给自己定的是中等的目标，那日子一定过的就是下等，如果给自己定下了最下等的目标，那么……

假使你不想浪费人生，虚度光阴的话，就让自己的眼光定得高一些吧，即使这样意味着你将承受更大的压力和责任。可是，当你克服重重的阻力和困难终于有了自己的成果时，你才会发现当初自己选择奋斗的创业之路真是高明之举。

假使菲特力当时真的一直留在马丁的店中当一个伙计，他一辈子确实不会有什么转机。做了两年学徒的他也没有跟随父亲回到乡下，而是独自跑到芝加哥去闯天下了。

初到芝加哥的时候，菲特力只得到处去寻找适合自己的职业。

那些征聘伙计的老板，都这样告诫他：我从前也是从干最艰苦的工作和拿最低微的工资一步步奋斗过来的。正是有这些出人头地的神奇斗士为榜样，使他因为找不到合适的工作而几乎泯灭的志气突然被唤醒，从此他心中燃起决心做一个大商人的希望之火。他一遍遍地反问自己："他们都可以做出如此神奇的事来，我为什么不能？"

经过多次的艰苦奋斗，和长期不懈的努力，菲特力终于成为了闻名世界的大商人，他非常感谢自己找工作走投无路的时候。正是一次又一次的打击让他决定走上自己的创业之路，也正因为他及早看到这一点，并为它付出了巨大的心血后才取得成功。

一般人常以为志气是天生的，是无法被人加以改进的。但是实际上，大多数人的志气，都是被人唤醒，或是受刺激而醒悟过来的。

我们中间的大多数人都具有非凡的创业潜力，但这种潜能在大部分时间里都处在酣睡蛰伏状态，它一旦被唤醒，就会做出许多改变你一生的神奇的事情来。

在任何情况之下，你都应不惜一切努力，投入能唤醒你的志气、能刺激你走上自我发展之路的环境中。也就是说，不要拒绝进入"精英"

们的圈子，不要制止自己也要成精英的想法，自己不要怕给自己思想上带来成功的压力。与其在别人麾下苟且偷生地虚度一生，还不如开创自己的事业取得成功，虽然可能要经受一番痛苦的磨练，但当你摘到成功的果子时，你就会感激自己当初的这一抉择了。

其实，普通人要想像这些成功人士一样创造属于自己的未来也未必是一件难事，只要按照以下几点去做就可以了：

①面对命运，改变命运，种瓜得瓜，种豆得豆。我们所得的报酬取决于我们所作的贡献。只有不懈的努力和坚强的意志才有可能助你改变命运，取得成功。

②给自己一个合理的定位。在莎士比亚的著名戏剧《哈姆雷特》中，大臣波洛涅斯告诉他的儿子："至关重要的是，你必须对自己忠实；正像有了白昼才有黑夜一样，对自己忠实，才不会对别人欺诈"。对自己有一个清醒的认识，并努力弥补不足是让你完善自我、走向成功的第一步。只有你自身的素质达到要求了，你才有可能开始向你的目标前进，而目标是重新发现你自己的第一步。

③设计好职业生涯规划。你不可能适合做所有的工作；也不可能所有的工作都适合你。找到自己最恰当的职业定位点，你面对工作可能会乐此不疲，干起事来则是游刃有余；你会赢得尊重，你会获得自尊；当然也能得到应得的高额报酬，压力在你面前只是一个接一个有趣的挑战，而不是能够压垮你的负担。

④正视压力而不是逃避。在巨大的压力之下，我们许多人会变得沮丧，失去对生活原本的向往和追求。

适应生活压力的最好方法之一就是简单地把它们作为正常的东西加以接受。生活中的逆境和失败，如果我们把它们作为正常的反馈来看待，就会帮助我们增强免疫力，防御那些有害的、特别要注意的反应。

⑤保持乐观。乐观与悲观可以说是人们给自己解释成功与失败的两种不同方法。乐观者把失败看做是可以改变的事情，这样，他们就能转

败为胜，获得成功；悲观者则认为失败是其内部永恒的特性所决定的，他们对此无能为力。这两种迥然不同的看法对人们的生活质量有着直接的、深刻的影响。

⑥积极的自我暗示。我们要多对自己说一些："我行！我能胜任！我很坚强！我不惧怕压力！我喜欢挑战！"少对自己说一些："我不行！我太差了！我受不了了！我要崩溃了"。积极的自我暗示可以影响你的心态，进而影响你的行为及其行为结果。开创自己的事业并不是一件难事，成功所需的基本素质几乎人人都是具备的，重要的是你能让自己在知识、能力、人际关系等重重压力下还可以协调发展。也许，奋斗之路是充满血泪和艰辛的，但成功后的荣耀和财富相信是所有人都期待已久的吧！

第九章 没有压力人生注定黯淡无光